DR. HENRY

Los Secretos de Dios

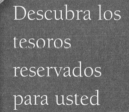

Descubra los
tesoros
reservados
para usted

HOWARD BOOKS
A DIVISION OF SIMON & SCHUSTER
New York   London   Toronto   Sydney

Nuestro propósito en Howard Books es:
- *Acrecentar la fe* en el corazón del cristiano
- *Inspirar santidad* en la vida del creyente
- *Sembrar esperanza* en el corazón de todo aquel que lucha

¡Porque Él viene otra vez!

Publicado por Howard Books, una división de Simon & Schuster, Inc.
www.howardpublishing.com

Título en inglés: *The Secret Things of God*
© 2007 Dr. Henry Cloud

En asociación con la agencia de Dupree/Miller & Associates, Inc. y Alive Communications, Inc.

Los nombres, circunstancias y descripciones han sido cambiados para proteger la identidad de los individuos mencionados en las ilustraciones.

Para información sobre descuentos por volumen de compras, favor dirigirse a: Simon & Schuster Special Sales, teléfono 1-800-456-6798 o al correo business@simonandschuster.com.

Editado por Philis Boultinghouse
Diseño de la portada: LUCAS Art & Design y Stephanie D. Walker
Tipografía: *John Mark Luke Designs*
Traducción: *John Alfredo Bernal*

A menos que se indique, todas las citas bíblicas fueron tomadas de la Santa Biblia, Nueva Versión Internacional (NVI) © 1999 International Bible Society. Las citas marcadas RVR1960 fueron tomadas de la versión Reina-Valera 1960 © renovado en 1988 por Sociedades Bíblicas Unidas. Las citas marcadas BLS fueron tomadas de la *Biblia en lenguaje sencillo* Copyright © 2000 Sociedades Bíblicas Unidas. Usadas con permiso.

Impreso en Estados Unidos de América

ISBN 13: 978-1-4165-7891-8
ISBN 10:   1-4165-7891-9

10 9 8 7 6 5 4 3 2 1

Índice

SECRETOS PARA CUMPLIR SU PROPÓSITO EN LA VIDA

SECRETOS ACERCA DE DIOS

PALABRAS DE BIENVENIDA

Tal vez se haya interesado en este libro porque leyó *El Secreto* de Rhonda Byrne o escuchó de él. En su libro, Byrne explora nuestra relación con el universo y cómo nuestra comprensión de lo que hay tras el velo afecta drásticamente nuestras vidas, relaciones personales y metas. El hecho de que *El Secreto* haya gozado de tanta receptividad por parte de millones de personas hace evidente cuán profunda es el hambre que todos tenemos en dos áreas: en primer lugar, todos queremos entender la naturaleza del universo y de las realidades que escapan a nuestros sentidos; en segundo lugar, todos tenemos un ávido interés en principios y prácticas que nos capaciten para sacarle el máximo provecho a la vida.

Mientras muchos se han visto intrigados e inspirados por *El Secreto*, su mensaje ha planteado varias inquietudes para los que mantienen un apego a la fe judeocristiana: (1) ¿Son las fuerzas que controlan el universo y nuestras vidas *impersonales e indiferentes* como lo explica Byrne o la fuerza que está detrás de todo posee un carácter más personal? (2) ¿Existe *un secreto único*, el cual consiste en que nuestros pensamientos crean nuestra vida y determinan si va a ser buena o mala? ¿O acaso, como en el universo físico, tiene el universo espiritual un *conjunto* de leyes que mantienen y hacen funcionar la vida? (3) ¿Depende totalmente de usted que su vida funcione o se trata de un *esfuerzo mutuo* entre usted y una fuerza mayor que se interesa en usted y tiene un plan para su vida? Este es el tipo de inquietudes que nos proponemos explorar en *Los secretos de Dios*.

Este libro no es un argumento cristiano a favor o en contra del libro *El Secreto*. De hecho, está de acuerdo en muchos de sus puntos, así como discrepa en otros. Más que discutir los principios expuestos en *El Secreto*, este libro afirma la profunda hambre que ha hecho evidente en todos nosotros el éxito del libro de Byrne. Además, ofrece verdades espirituales basadas en la Biblia que *hacen funcionar la vida*, ya que todos nosotros anhelamos saber qué existe más allá del horizonte, qué o quién es esta fuerza inmanente, cómo opera y cómo podemos ponernos de su lado, y si acaso tiene nombre propio.

El ámbito espiritual de nuestros tiempos me recuerda el de la Grecia antigua, donde circulaban todo tipo de ideas y discusiones espirituales. Cuando el apóstol Pablo tuvo acceso a ese mundo, en lugar de despotricar contra las diferentes perspectivas imperantes, lo que hizo fue afirmar la búsqueda misma. En un famoso discurso dijo con gran elocuencia: «Por lo que veo ustedes son gente espiritual, ya que han levantado un altar al Dios no conocido. Yo he venido a contarles acerca de este Dios a quien desconocen». Pablo contó algo que yo también quiero compartir con usted, que Dios quiere entablar una relación personal con usted; Él quiere que usted lo busque y lo halle. De hecho, nuestra existencia y propósitos se encuentran en Él.[1]

El título de este libro proviene de una carta escrita por el apóstol Pablo, donde dijo: «Que todos nos consideren servidores de Cristo, encargados de administrar los misterios de Dios».[2] Ciertamente, estos misterios son un legado enorme, un tesoro que literalmente puede cambiar su vida. Las verdades espirituales divulgadas en estas páginas lo conectarán al Dios que creó el universo y desentrañarán los secretos de la vida.

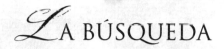

LA BÚSQUEDA

LOS COMIENZOS DE MI PROPIA PESQUISA...

Estaba cursando el semestre de primavera de mi segundo año en la universidad. Había agotado todos mis esfuerzos para encontrarle sentido a la vida. Tenía una relación romántica fallida, un sueño fracasado y sucumbía a una terrible depresión. Había llegado al final de mí mismo.

Un domingo por la tarde estaba sentado en mi dormitorio, solo con mis pensamientos. Recordé cómo había llegado a la universidad con grandes esperanzas en esas tres áreas de mi vida. Apenas año y medio atrás, estaba lleno de sueños y optimismo. Cuando salí de la secundaria anticipaba tener éxito en mi vida sentimental, tras haber pasado por la indecisión usual de los noviazgos adolescentes. Había abrigado la esperanza de hacer realidad mi sueño de una carrera exitosa en el golf universitario, y ciertamente esperaba que todo ello me trajera felicidad. Pero después de la ruptura con mi novia, una lesión en la mano afectó mi desempeño en el golf, al punto que no pude seguir jugando bien. Ambas pérdidas me hicieron difícil levantarme cada día y seguir adelante, pues quedé dolorosamente consciente de la gran diferencia entre lo que pensé que lograría alcanzar y la situación en que me encontraba. De hecho, la diferencia me pareció abismal.

Ahí estaba yo, pensando en todo eso y preguntándome, *¿qué hay que hacer para que la vida funcione?* ¿Cómo se las arregla la gente para encontrar la persona correcta de quién enamorarse? ¿Cómo hallan el sendero único que les permite utilizar sus dones y talentos en una carrera exitosa y significativa? O sí no fuera significativa, ¿cómo hacen para ganarse la vida? ¿Y cómo consiguen la felicidad? ¿Cuál es el truco? ¿Cuál es el «secreto» para hacer que todo salga bien?

En aquel momento de mi vida yo no era en absoluto lo que llamaría «religioso». Ni siquiera me llamaría «espiritual», alguien que por lo menos dedica algo de tiempo y esfuerzo a desarrollar algún tipo de identidad ultramundana. Nada más era un joven abriéndome paso en la vida, esperando salir adelante. Quiero que el lector entienda que no abordé mi situación aquel día con algún tipo de esperanza o plan espiritual, ni pensando que Dios fuera a asomarse desde el cielo y arreglar mis problemas en un santiamén. Eso nunca formó parte de mi formación ni mi vivencia, por eso lo que sucedió a continuación me tomó completamente por sorpresa. No tenía ni idea que todo estaba a punto de cambiar. Para siempre.

Ahí sentado en mi cama, ponderando todos estos asuntos de la vida, miré alrededor de mi cuarto y vi encima de mi estantería de libros una Biblia. Sentí una especie de intriga y me pregunté si la Biblia tendría algo que decirme en mi dilema. Sea cual fuere aquel impulso, jamás lo había sentido antes porque no había sacado esa Biblia del estante desde mi llegada a la universidad. Pero ahí estaba, así que me levanté y la tomé.

Luego sucedió. La abrí al azar y mis ojos cayeron de inmediato en un versículo que pareció saltar de la página con vida propia. Esto fue lo que leí:

> *Más bien, busquen primeramente el reino de Dios*
> *y su justicia, y todas estas cosas les serán añadidas.*[1]

«*¿Todas estas cosas?*» ¿Qué cosas? ¿A qué se refería? Leí los versículos anteriores y hablaban de todas las cosas en la vida, todo aquello que tanto nos preocupa como los asuntos que me tenían absorto aquel día, como mi futuro entero. Y a continuación leí:

> *Por lo tanto, no se angustien por el mañana,*
> *el cual tendrá sus propios afanes.*
> *Cada día tiene ya sus problemas.*[2]

Un momento, pensé. Tengo que leer eso de nuevo. Lo que estaba diciendo era que si yo buscaba a Dios, o mejor dicho, «el reino de Dios y su justicia», ¿de algún modo todo iba a salirme bien? ¿Era esa la interpretación correcta? ¿Podía ser cierto? En ese momento no tenía la más remota noción del reino ni la justicia de

Dios, pero capté la idea. Me estaba diciendo que no debería preocuparme por todas las cosas que me tenían angustiado, sino que más bien debería buscar a Dios y *Él* lo pondría todo en orden.

Para un estudiante universitario ajeno a la religión, esto se salía de todo lo que yo podría considerar factible, pero no me faltaban las ganas de que funcionara. Mejor dicho, ¿a quién no le gustaría que fuera cierto? ¿Una vida que funciona a la perfección porque Dios hace que todas las cosas salgan bien? Me pareció un poco ingenuo creerlo, pero mi manera de hacer las cosas hasta ese momento ciertamente no había dado resultados. Me vi confrontado con una decisión radical. ¿Acaso debería probar si me funcionaba este «asunto de Dios»?

Debo admitir que lo primero que me vino a la mente con el plan de «buscar a Dios» fue que por ningún motivo iba a convertirme en uno de esos fanáticos religiosos. Pensaba que eran tipos raros y definitivamente no eran la clase de personas con quienes yo quería relacionarme. ¿Acaso no eran los mismos que ni siquiera iban a fiestas? Sabía que eso nunca me funcionaría, pero decidí que me tocaba poner todo eso a un lado y dar el paso: tenía que descubrir si Dios era real. Si resultaba serlo, mi próximo paso sería ver si estaría dispuesto a ayudarme sin convertirme en un bicho raro. Me pareció un buen plan y decidí llevarlo a cabo. Iba a «buscar a Dios» para ver si mi vida al fin tomaba un rumbo.

Sabía que no podría hallar a Dios en los dormitorios universitarios y me puse a buscar por las instalaciones de la universidad hasta encontrar una capilla vacía. Era fría y oscura, pero llegué hasta el altar y elevé una simple plegaria que decía más o menos así: «Dios… ni siquiera sé si me oyes, pero de ser así, necesito tu ayuda. Si me ayudas, haré lo que me mandes, sea lo que sea. Tan solo ayúdame. Encuéntrame». En ese momento, supe que algo había cambiado.

No, nada sucedió. No vi luces ni una zarza ardiente, ni tuve una sensación de paz, solamente hubo un gran silencio. Nada se vio diferente por fuera, pero supe que algo había cambiado dentro de mí. Acababa de dar un paso real de fe y me di cuenta que si Dios no se manifestaba de algún modo real, mi vida iba a ir de mal en peor. Sabía que si Dios no me respondía, yo estaba verdaderamente solo en el universo. Toda mi vida crecí al amparo del paradigma norteamericano de que «existe un Dios allá afuera que es bueno y nos ama», pero ahora me había aventurado a pedirle algo. Una cosa es creer en Dios y vivir con cierta seguridad pensando que existe, así uno jamás haya puesto a prueba esa fe ni hecho algo al respecto. Uno por lo menos puede creer que Él existe y encontrar algún consuelo ingenuo en ello, pero tan pronto sacas un pie de la barca, como pensé que hice ese día, vas a descubrir si realmente es cierto o no. Si Él no responde, hasta la poca fe que uno

> ACABABA DE DAR UN PASO REAL DE FE Y ME DI CUENTA QUE SI DIOS NO SE MANIFESTABA DE ALGÚN MODO REAL, MI VIDA IBA A IR DE MAL EN PEOR.

tenga la pierde. Una cosa es tener una fe que nunca se utiliza, pero es muy diferente no contar ni siquiera con una fe a la cual recurrir si uno decide alguna vez que la necesita de verdad. Yo me decidí a dar el salto.

Hasta el momento, no iba muy bien. No vi luces, ni sentí un corrientazo, nada de nada.

Salí de la iglesia y regresé a mi cuarto. El vacío era inmenso y traté de no pensar en ello. No sabía que mi vida entera estaba a punto de cambiar. Mientras seguía encerrado en mi cuarto, sonó el teléfono. Era un hermano de la sociedad fraterna con quien no había hablado en algún tiempo. Lo que dijo me dejó atónito.

«Oye, tú eres la última persona a quien se me ocurriría llamar para esto, pero por alguna razón no te puedo sacar de mi mente. Estamos empezando un estudio bíblico y quería saber si te gustaría asistir».

No me resultó difícil conectar los hechos y darme cuenta de que Dios sí había escuchado mi oración.

«Allá les caigo» le dije. «¿A qué hora es?»

Fui al estudio bíblico, y así fue como llegué a descubrir qué tan cierto era ese texto de la Biblia.

LA BÚSQUEDA DE RESPUESTAS REALES A INQUIETUDES REALES

Veinticinco años después iba en un avión dispuesto a disfrutar de un par de horas de tranquilidad sin niños, sin teléfono y sin trabajo.

Nada más deseaba ir suspendido en el aire para relajarme, ignorar la película insulsa que pusieron las azafatas y leer un buen libro. Y entonces sucedió mi peor pesadilla de vuelo, aun peor que la turbulencia. La mujer que estaba en el asiento contiguo se dio la vuelta para iniciar una conversación conmigo. Aquel día en particular era lo último que hubiera querido, pero ella me miró y preguntó:

«¿Y usted a qué se dedica?»

Casi siempre que me encuentro en ese tipo de situaciones saco mi arma secreta para malograr conversaciones indeseables en viajes aéreos, que es decir: «Escribo libros acerca de Dios». Con muy pocas excepciones, decir eso me garantiza tres horas de silencio, tan pronto el interlocutor asiente cortésmente y levanta su periódico para leer los artículos que acaba de ojear. Siempre me funciona, pero por alguna razón ese día estaba desprevenido y contesté:

«Bueno, soy psicólogo».

Respuesta errónea. Ella replicó de inmediato:

«No lo puedo creer, tengo que contarle sobre mi novio. Necesito ayuda, estoy en una encrucijada y no sé qué hacer. Lo quiero muchísimo, pero es que…».

La mujer procedió a contarme acerca de su relación con un tipo del que estaba muy enamorada pero que era bastante egocéntrico y se enojaba cuando no se salía con la suya. Me describió un ciclo en el que cada vez que ella le decía que «no», él se ponía furioso y más controlador que antes, después de lo cual quedaban totalmente desconectados y ella se sentía sola y rechazada.

«¿Y usted que hace entonces?», le pregunté.

«Pues, no lo soporto cuando tenemos esos desacuerdos y me siento muy alejada de él. Casi siempre doy el brazo a torcer y eso arregla las cosas entre nosotros, pero siempre vuelve a suceder y no sé cuánto más pueda seguir haciendo lo mismo. Pero es que él me gusta mucho».

«Con razón sigue sucediendo», le dije. «Hay un dicho antiguo que dice: "El iracundo tendrá que afrontar el castigo; el que intente disuadirlo aumentará su enojo". Es decir, si uno rescata a un hombre iracundo, tiene que hacerlo otra vez al día siguiente. Si sigue dando su brazo a torcer, el ciclo se repetirá durante muchos años».

«¡No puede ser!», exclamó la mujer. «Eso de que le aumenta el enojo cuando intento disuadirlo es exactamente lo que sucede. Eso es *muy* cierto. ¿De dónde sacó ese dicho?»

«Está en la Biblia», dije.

«¿Qué? ¿En la Biblia?»

«Sí. Proverbios 19:19. Léalo cuando tenga una oportunidad».

«¡Eso es increíble! Yo no sabía que la Biblia tuviera dichos como ése. Voy a tener que leerla».

Seguimos hablando más sobre sus patrones de disuasión que le hacían ceder a las pataletas de aquel pequeñuelo atrapado en el cuerpo de un hombre de treinta y cinco años, y terminó siendo una conversación muy amena, lo cual espero que haya sido de algún beneficio para ella. Para mí fue de gran impacto, ya que se convirtió prácticamente en un momento definitivo para la manera en que me gusta ahora invertir la mayor parte de mi tiempo, y la razón por la que quise escribir este libro. Ahora le voy a explicar por qué.

¿Eso salió de la Biblia?

Fue su mirada cuando le informé que aquel dicho había salido de la Biblia. Quedó pasmada, con los ojos idos como diciendo: «¿Que, qué? ¿Algo relacionado precisamente con mi situación actual salió palabra por palabra de la Biblia?». Se sorprendió de una manera tan genuina que me hizo pensar en asuntos que dejaron una gran huella en mi alma, además de hacerme reflexionar sobre tres cosas que me producen asombro constante.

FUE SU MIRADA CUANDO LE INFORMÉ QUE AQUEL DICHO HABÍA SALIDO DE LA BIBLIA.

Primero que todo, *ella quedó atónita por la precisión con que la Biblia habló directamente sobre su situación.* Como psicólogo, después de muchos años de práctica y de trabajar con toda clase de personas, al igual que supervisar el tratamiento de muchas más, me asombro al ver situaciones en la que «los secretos de Dios» son validados por la investigación y la práctica clínica. Un ejemplo es el movimiento de la codependencia que ha ayudado a millones de personas a mejorar su vida y sus relaciones personales, solamente mediante la aplicación de aquel versículo que le mencioné a ella. También se restauran matrimonios y otras relaciones personales todos los días cuando se aplican correctamente otros principios bíblicos en esos contextos. Los tratamientos más exitosos que han sido investigados y demostrados para la depresión, la ansiedad y las adicciones, han salido directamente de la Biblia. De hecho, no conozco ningún proceso o práctica clínica que funcione, que no esté de acuerdo con los secretos de Dios. También en los negocios, hay genios de las finanzas que generan miles de millones de dólares en ganancias poniendo en práctica los principios de administración e inversión enseñados en las Escrituras.

Por esa razón, casi todos los días me asombro como esa mujer por la relevancia total de los secretos de Dios en la vida práctica. Para ella fue una sorpresa totalmente novedosa. En este punto de mi vida es más bien como decir: *Bueno, aquí vamos de nuevo.* Esto sin mencionar la validación de los secretos de Dios que he experimentado en mi propia vida una y otra vez desde aquel primer día en mi dormitorio de la universidad, cuando me pregunté si Dios realmente existía. Sin falla, los secretos de Dios hacen funcionar la vida, y si usted se pone a pensarlo, ¿quién mejor que el diseñador para saber cómo funciona lo que él diseñó?

En segundo lugar, todos los días me asombro al ver *cuánto sorprende a la gente que esas verdades estén en la Biblia.* No es mi intención sonar peyorativo, pero muchos de nosotros simplemente desconocemos el contenido de la Biblia. Si recuerda mi historia al comienzo de este prólogo, cuando empecé mi búsqueda del secreto de la vida, yo no sabía que Dios tenía una promesa para poner mi vida en orden. Más adelante descubrí que ignoraba muchos otros secretos que cambian la vida. Pero supongo que lo que me sorprende todavía es que seamos tantos los que sepamos *acerca de* la Biblia sin saber mucho *de* la Biblia.

La tercera cosa que siempre me impresiona es *la cantidad de nociones preconcebidas que la gente tiene en cuanto a la Biblia,* lo cual también fue evidente en la expresión de mi compañera de viaje. Fue como si dijera: «Yo no sabía que ese libro sagrado tuviera algo remotamente interesante para mí». Aunque la gente busca por todas partes un significado para su vida, muchos siguen viendo la Biblia como un libro de mitos y fábulas que va en contra de la ciencia, es anticuado, caduco, religioso y moralista. Por eso, cada vez que descubren algo en ella que se aplica a sus vidas o los beneficia de algún modo, eso choca con sus prejuicios.

La razón por la que esto me impresiona es que sean tantas las personas que sostienen esa opinión con toda honradez. Han visto cristianos raros en la televisión o unos todavía más raros en la vida real, y en base a tales observaciones deciden que el cristianismo como un todo es cosa de locos. Recuerdo pensar hace mucho tiempo que no tenía ningún problema con Dios, pero eran sus amigos con quienes no podía identificarme. Por eso cuando hablo a la gente acerca de Dios y se dan cuenta de que han perdido interés en Él debido a las expresiones caricaturescas de fe que han visto en un montón de gente rara, siempre quiero advertirles que no se dejen afectar tanto por culpa de un fanático escandaloso o una mala experiencia. Eso sería como salir a comer, tener que tragar una mala comida y decidir no volver a entrar a un restaurante.

EL SECRETO ENTRA EN ESCENA . . .

Me enteré del libro de Rhonda Byrne *El Secreto* por un buen amigo mío. Él sabía cuánto me interesan los asuntos espirituales y me dijo que el libro era un gran fenómeno y debería leerlo. Me informó que a todo el mundo le gustaba, desde Oprah hasta sus hijos. Decidí entonces conseguir un ejemplar y añadirlo a mi material de lectura para el próximo vuelo en que no me tocara sentarme al lado de alguien con un novio controlador. Recuerdo estar interesado, pero no esperaba lo que venía.

Lo que vino fue la llamada de un agente diciendo que una casa editorial buscaba a un cristiano que escribiera un libro similar desde la perspectiva judeocristiana, un libro que describiera el «Secreto» de acuerdo a la Biblia, y quería saber si yo estaría interesado. Le dije que lo consideraría, y al hacerlo, mi interés se acrecentó.

Quedé intrigado al descubrir que el *interés* en el libro se debía a algo más grande que *El Secreto* mismo. *Lo que me cautivó fue el enorme interés de la gente en asuntos espirituales.* Aunque *El Secreto* es un libro acerca de obtener lo que uno quiere en la vida, también va más allá de un simple plan lógico para lograr metas individuales. Emprende la búsqueda de una realidad espiritual y metafísica que trasciende la vida cotidiana de la inmensa mayoría. Dice que existen realidades espirituales que gobiernan el universo, las cuales son tan reales como las leyes físicas a que todos estamos sometidos, como la gravedad. Además, son millones las personas que están leyendo este libro.

Ciertamente, parte de la popularidad se debe a que la gente quiere saber cómo obtener lo que uno quiere en la vida. Puedo identificarme con eso, como lo revela aquel día en mi dormitorio. Pero también pienso que todos queremos más que eso. Creo que el interés en el libro nos muestra que todos tenemos un lado espiritual y que estamos buscando algo más allá de nosotros mismos. Anhelamos estar conectados con Alguien más grande. Tenemos el deseo profundo de tener contacto real con algo más allá del universo material que vemos, tocamos y sentimos. Aspiramos a conocer las cosas que se escapan de nuestros sentidos. Queremos palpar y conocer los secretos intrínsecos de todas las cosas. Si existe algo más, queremos establecer contacto.

Esta es la razón por la que escribí el libro que tiene en sus manos. Yo creo, como lo dice *El Secreto*, que la vida es mucho más de lo que vemos con nuestros ojos. Es cierto que las cosas que visualizamos y nos proponemos alcanzar no empiezan en el mundo visible, sino en el mundo *invisible*. Si usted logra sus metas, se debe a que ciertos principios espirituales han entrado en acción. Si encuentra una relación satisfactoria, no se debe simplemente a que un amigo le presente a esa persona ni a un buen servicio de citas románticas. Es porque operan ciertas leyes invisibles. Si usted se sobrepone a la depresión o la adicción, no es por el simple hecho de haberse esforzado más. Es por la interpolación de ciertas realidades espirituales. El Creador del universo, quien lo estableció todo, ha incorporado en la vida leyes espirituales que son tan reales como la ley física de la gravedad, y *cuando nos alineamos con esas leyes, la vida funciona mejor.*

En este libro quiero mostrar algunos de los secretos más poderosos de Dios que afectan las áreas de la vida que mantienen ocupados a los psicólogos y que más le interesan a usted:

- cómo se siente

- cómo funcionan sus relaciones

- cómo alcanzar sus metas y sueños

- cómo hacer que la vida funcione

- cómo hallar y conocer a Dios

Además, este libro también hablará de cómo algunos principios tratados en *El Secreto* se relacionan con principios bíblicos, en los cuáles la Biblia profundiza todavía más, y cómo se diferencian de la perspectiva bíblica. Creo que para usted será un ejercicio interesante y ameno descubrir no solamente los «asuntos secretos de Dios» que desconocía hasta el momento (y ahorrarse el viaje en avión), sino también comparar los diferentes argumentos de personas con diversas perspectivas de fe sobre los mismos asuntos. También será interesante y útil para los que han conocido algunos de estos secretos durante toda su vida de fe, pero que aún no saben cómo interiorizarlos ni ponerlos a *funcionar* en su vida. Vamos a hablar de cómo lograr eso.

Espero que sin importar en qué punto se encuentre en su búsqueda, bien sea que desee encontrar a Dios por primera vez o para conocerlo mejor, usted haga tres hallazgos en este libro. Primero, que Dios es muy real y lo ama profundamente. Segundo, que Él sí tiene algunos secretos para nosotros que de verdad, verdad, funcionan. Y tercero, si usted se parece a mí, se alegrará mucho al descubrir que no tiene que ser muy religioso para disfrutar ambas realidades. Tan solo mantenga una actitud abierta y honesta durante el recorrido. Dios hará el resto. Acompáñeme.

No importa en qué punto se encuentre en su camino de fe, si apenas está tanteando el asunto para ver si hay algo en lo que valga la pena creer o si ha sido un creyente por mucho tiempo y desea una relación más enriquecedora con el Creador del universo. El punto de partida siempre es el mismo: buscar.

Aquí es donde empieza todo, porque el que busca, encuentra.

El secreto revelado

SI BUSCA A DIOS, ÉL SE DEJA ENCONTRAR

«Me buscarán y me encontrarán,
cuando me busquen de todo corazón.
Me dejaré encontrar, afirma el Señor».
—JEREMÍAS 29:13–14

El secreto para encontrar a Dios es buscarlo. Así de simple.

Uno de los aspectos más llamativos expuestos en *El Secreto* es que cualquier persona en cualquier lugar puede establecer contacto con el universo y recibir una respuesta. Esto ha resonado con las inquietudes espirituales de millones de lectores en todo el mundo. Una de las diferencias principales entre la fe judeocristiana y otras es que Aquel con quien queremos establecer contacto es un Dios personal que nos conoce individualmente y se interesa en nosotros. Este Dios nos ofrece la garantía absoluta de que *cualquiera* que quiera encontrarlo lo hará. No hay ningún truco ni patraña, ningún acertijo ni maña es necesario para cualquier persona que desee conocerlo. Él promete que si queremos encontrarlo, nuestro deseo se hará realidad. ¿Cómo podemos estar tan seguros? *Porque Él nos busca a nosotros, como siempre lo ha hecho.* Ese es el secreto para encontrar a Dios en la fe judeocristiana. Hallamos a Dios porque Él quiere ser hallado, y más que eso, está tratando de encontrarnos cada día sin falta.

BUSCARON A DIOS, Y ÉL SE APARECIÓ

Parecía otro día usual en el programa radial *New Life Live!* Los oyentes llamaban para hacer preguntas sobre los temas que tratamos habitualmente, pero luego entró la llamada de un joven que tenía una pregunta diferente y sentía un tipo diferente de dolor.

Con voz temblorosa y conteniendo sus lágrimas, se puso a hacer preguntas que obviamente provenían de lo más profundo de su alma. Nuestra conversación fue más o menos así:

«Yo los escucho hablar casi todos los días y no logro entender cómo pueden hablar de Dios de esa manera . . .».

«¿A qué te refieres con eso?», le pregunté.

«Bueno, es que hablan de él como si estuviera ahí mismo y como si supieran quién es... mejor dicho, es que hay tantas religiones, tantos credos, y la Biblia... ¿Cómo pueden saber con certeza que todo es cierto, que Dios existe? ¿Cómo saben cuál dios es el Dios de verdad?»

«Déjame preguntarte algo», le dije. «¿Lo *quieres* saber? Es decir, *¿realmente* quieres saberlo?»

«Pues, claro... por supuesto que sí. Me encantaría saber que Dios existe y saber quién es».

«Te lo pregunto porque mucha gente tiene inquietudes acerca de Dios y piensan mucho al respecto. Discuten y debaten acerca de Dios con sus amigos, pensando que sería bueno si supieran que sí existe, pero desde un punto de vista más bien intelectual. En cambio, Dios dice que si uno quiere conocerlo de verdad y saber quién es, así como tener una relación personal con Él, entonces sí puede. Además, dice que si uno lo busca lo va a encontrar, si lo busca sinceramente y de todo corazón. Por eso te pregunto si de veras quieres saberlo con certeza».

«Sí, yo quiero», me dijo.

«Bueno, esto es lo que quiero que hagas. Olvídate de todas tus dudas, tus especulaciones y tus nociones preconcebidas. Ahí donde estás, ahora mismo, quiero que le pidas el favor de mostrarte quién es. Pide creyendo al menos que te va a mostrar eso. Pídele que te muestre si existe y cuál es su nombre. Dile que quieres conocerlo y ser hallado por Él. Si lo pides de corazón, Él te va a escuchar y verás que vas a encontrar a Dios».

«¿Así de fácil? ¿No tengo que hacer nada más?», preguntó.

«Eso es todo lo que tienes que hacer» le dije, «pero tienes que hacerlo con toda sinceridad, y después que lo hayas hecho, cuéntanos qué pasó».

El joven nos llamó después para contarnos que había iniciado una relación real con Dios a raíz de aquella charla telefónica. Eso fue emocionante, pero en otro lugar del país alguien escuchó la misma llamada radial y el resultado fue un ecuentro que jamás me hubiera imagnado. Encontré un mensaje muy interesante en mi lista diaria de mensajes que decía: «Una mujer de Boston llamó y dijo que quiere hablarle porque usted dijo en la radio que le gusta hablar de Dios con gente no cristiana. Ella va a venir a Los Ángeles y quiere verlo».

NO SÉ CÓMO EXPLICARLO, PERO ESTE MENSAJE ME SONÓ DIFERENTE DESDE UN PRINCIPIO.

En primer lugar, me pregunté cómo pudo llegar el mensaje a mi buzón. Puesto que el programa es de sindicación nacional, nuestro conmutador recibe más de veinte mil llamadas cada mes y hay todo un equipo encargado de contestar las llamadas que se originan durante las emisiones, así como poner en contacto a cada persona que llama con el taller o la persona que pueda asistirlo por parte de nuestro equipo. El caso es que yo no recibo ninguno de esos mensajes y fue inusual que recibiera este a través de mi asistente.

En segundo lugar, yo normalmente no podría verme con alguien que simplemente quisiera discutir algo que dije por radio, ya que son demasiadas las preguntas y no alcanza el tiempo. No sé cómo explicarlo, pero este mensaje me sonó *diferente* desde un principio. Pareció sobresalir entre los demás y me sentí compelido a darle prioridad. Le pedí entonces a mi asistente que llamara a la mujer para programar el encuentro.

En ese momento mi asistente me recordó que ya tenía la agenda llena de compromisos y que me había propuesto reducirlos, no aumentarlos. Dijo algo así:

«Bueno, mejor no, usted no puede. Más bien deje que otra persona se encargue de hablar con ella. Usted necesita terminar tal y tal proyecto, y el tiempo apremia».

Me sonó a regaño, que es lo que una buena asistente hace cuando su jefe se compromete más de lo que debiera. Pero ese mensaje era diferente, y no me lo podía quitar de la mente. Entonces me puse firme.

«No, de verdad quiero ver de qué se trata. Coordínalo por favor», dije y así lo hizo.

Helena entró a mi oficina, se presentó y nos sentamos a hablar. Me causó al instante una buena impresión con su espíritu y su autenticidad. Me pareció «real».

«Dígame, ¿en qué la puedo ayudar?», pregunté.

«Bueno, usted dijo por radio que le gusta hablar con gente no cristiana acerca de Dios, ¿no es cierto?»

«Sí, es correcto. ¿Usted se describe como tal?»

«Sí, efectivamente».

«¿De qué le gustaría hablar?», indagué.

«¿Recuerda que hace unas semanas le dijo a ese joven que llamó desde su auto que si quería descubrir quién era Dios simplemente se lo pidiera?»

«Sí, lo recuerdo bien. Me encantó esa llamada».

«Pues bien, yo hice eso» me dijo, «y ahora tengo un problema».

«¿De veras? ¿Qué sucedió? Cuénteme».

«Acababa de regresar del consultorio del doctor donde recibí un diagnóstico muy malo, resulta que tengo cáncer. Estaba devastada y muy, muy asustada. Jamás me he sentido así. Entonces hice lo que usted dijo. Me arrodillé y pedí que si Dios existía, por favor, que me ayudara».

«Bueno, ¿y qué pasó después?», le pregunté con mucha curiosidad.

«Cuando hice eso, y esto le va a sonar una locura... Jesús vino a mí», dijo ella.

«¿Cómo así?», pregunté.

«Así como lo oye» dijo. «Ahí estaba conmigo».

«¿Pero, cómo?»

«Bueno, es difícil describirlo, pero sentí como si él me hubiera envuelto cálidamente en una burbuja de paz y amor, y sentí que estaba ahí presente. Supe que era Jesús, sin lugar a dudas. Él me tuvo ahí un buen rato, no sé cuánto, y me dijo que iba a estar bien. Luego sentí que se quedó abrazándome otro buen rato, y su presencia fue la máxima sensación de paz y amor que he experimentado. Ni siquiera puedo describir lo que sentí, pero después de un rato él se fue. Eso es todo».

Yo quedé pasmado, conmovido, emocionado y también abrumado por la forma tan genuina en que me contó su historia. Lo hizo sin dramatismo, fue nada más que el relato sincero de un encuentro asombroso. Supe que había sido una experiencia

«LE PEDÍ A DIOS... Y *JESÚS* SE APARECIÓ».

real. Ella no era ninguna desquiciada, tampoco deliraba. Como psicólogo de profesión, sabía que estaba hablando con una contadora pública muy cuerda, en pleno control de sus facultades mentales y lógicas. Todo lo que me salió fue una exhalación de asombro total, pero su caso me dejó con una gran inquietud.

«Eso es asombroso, pero cuénteme entonces, ¿cuál es su problema?». Pensé que alguien a quien Jesús hubiera visitado para decirle que todo iba a estar bien sería la última persona en tener problemas, ¡a veces me gustaría que Él me dijera eso de vez en cuando! ¿Cuál podría ser el problema al que hizo alusión?

«Bueno, mi problema es que le pedí a Dios que me ayudara».

«Sí», dije sin entender todavía cuál podría ser el problema.

«Le pedí a Dios... y *Jesús* se apareció».

«Sí, claro, cuando uno busca a Dios se encuentra con Jesús», dije con cierta naturalidad.

«Pero es que *yo soy judía*».

Por fin capté. Ahora sí entendí por qué tenía un problema.

«Pues mire, si lo piensa un momento, la Biblia dice que muchos judíos se sorprendieron de que Jesús se apareciera cuando ellos buscaban a Dios».

Helena y yo nos reímos un rato, pero luego tuvimos una de las conversaciones espirituales más memorables de mi vida.

Hablamos un par de horas sobre todas las Escrituras hebreas que ella había aprendido años atrás. Hablamos acerca de la pascua, el cordero, los sacrificios, y de cómo los judíos sabían que el Mesías venidero sería el cordero de la pascua, y cómo este consiguió el perdón por todos nuestros errores, grandes y pequeños. Además, que el Cordero sería llamado Emanuel, que significa «Dios con nosotros». Por último, que Jesús fue el único que cumplió todas esas profecías y también demostró ser Dios mediante sus milagros y volviendo a la vida tras morir crucificado. Helena llegó a un punto en que entendió que había experimentado *exactamente lo que la Biblia dijo que debió haber experimentado*, especialmente siendo judía. Todo tuvo sentido para ella cuando vio que Jesús era el Dios con quien se había propuesto establecer contacto.

Eso sucedió hace un par de años, y desde entonces hemos mantenido un contacto esporádico. Hace poco me llamó para contarme que pasó otra época difícil en su vida y se sintió alejada de Dios. Hasta se rió de sí misma al recordar su experiencia anterior. Hablamos de sus sentimientos y de cómo los salmistas se sintieron de la misma manera, que Dios a veces les parecía lejano y callado. Le dije que yo mismo había pasado por esas épocas y que la Biblia dice que habrá ocasiones en las que buscaremos a Dios y Él parecerá no estar allí. Por eso le dije cuán importante es sacar tiempo a solas con Dios así sea solo para hablar. Sentarse con Él día tras día a leer los salmos y otros pasajes. Hablarle y verterle nuestro corazón. Además, le dije que Dios le hablaría si ella hacía eso. No sabía cómo ni cuándo, pero sabía que lo haría. Eso fue lo que nos prometió. A la semana siguiente, me envió un mensaje electrónico que decía: «Ya lo estoy oyendo hablarme (aunque, tristemente, no de manera tan obvia como la última vez). Gracias por mostrarme todo eso, era justo lo que necesitaba».

Me encanta la honradez y sencillez de esta mujer en su búsqueda de Dios. Me conmueve, y también me conmueve saber que tenemos un Dios cuyo «secreto» más grande es que no hay ningún secreto: «Si me buscan, me dejaré encontrar».

Este es el *primer secreto* y siempre podemos contar con él. De hecho, yo puedo contar con ese secreto no solamente para mí sino que siento confianza suficiente para decirles a los demás que si buscan a Dios, Él también se les manifestará.

¿CUÁL ES SU «HISTORIA CON DIOS»?

Una de mis actividades predilectas es pedirle a la gente que me cuente su «historia con Dios». Cada persona tiene una historia diferente con Dios, y sus historias me muestran cómo Dios nos encuentra donde estemos, en el momento justo y de la manera precisa que necesitamos.

Mi historia con Dios empezó cuando le pedí que me ayudara y envió a un hermano de la sociedad fraterna universitaria que me llamó sin razón aparente para invitarme a su grupo de oración. La historia de Helena con Dios incluyó un auténtico encuentro milagroso. He conocido a muchas personas que han tenido experiencias sobrenaturales con Dios, y sus historias siempre me llenan de asombro. También he conocido a muchos otros que han tenido encuentros más corrientes con Dios, pero esas experiencias fueron tan claras y verdaderas como la presencia maravillosa de Jesús que envolvió a Helena. Por ejemplo, a través de una llamada telefónica, un programa radial o un libro que fue la respuesta precisa a una oración. Tal vez fue a través de un amigo que se puso a hablar de Dios justo cuando la persona necesitada estaba pensando más acerca de Dios, o mediante las palabras de un desconocido que fueron exactamente lo que esa persona necesitaba oír. La lista es interminable, y todas las respuestas llegaron después de haber sido pedidas, en el momento oportuno.

El caso es que si usted busca a Dios, Él se dejará encontrar. Ese es el primer secreto, y la buena noticia es que Dios ya lo ha estado buscando hace tiempo.

CONTINÚE LA BÚSQUEDA

Si no conoce a Dios, simplemente búsquelo. Cada vez que lo busca-
mos, estamos respondiendo a alguna inquietud que ha sembrado
en nosotros. Así que responda a esa voz interior, esos pensamientos y esas preguntas que lleva por dentro. Háblele, dígale que lo
está buscando. Hable también con alguien que pueda ayudarlo.

Si no lo conoce y no lo puede encontrar ahora mismo, sepa que eso
también es normal. Aunque sienta que está pasando por un «de-
sierto» y se sienta muy distante a Dios, recuerde que Él en realidad
siempre está cerca. Puede haber alguna razón por la que no inter-
viene de momento, o tal vez esté haciendo algo que usted no
puede ver. Aunque puede ser angustioso, esto es parte normal de
la vida espiritual. Los salmos están repletos de pasajes escritos por
personas que se sintieron de ese modo:

> *Respóndeme pronto, Señor, que el aliento se me escapa.*
> *No escondas de mí tu rostro, o seré como los que bajan a la fosa.*[1]

No está mal, es normal experimentar épocas de sequedad, pero
la respuesta siempre es la misma y el «secreto» no cambia: *Buscar.*
Aunque sintamos que Dios se ha ido, podemos *confiar* que Él no
nos ha abandonado. Recuerde lo que dijo el salmista:

> *En ti confían los que conocen tu nombre,*
> *porque tú, Señor, jamás abandonas a los que te buscan.*[2]

Bien sea que aún no conoce a Dios o ya tiene alguna relación con Él y quiere conocerlo mejor, lea el siguiente versículo para que se dé cuenta de que Dios *quiere* que usted lo busque. Además, Él promete premiar su búsqueda.

Sin fe es imposible agradar a Dios,
ya que cualquiera que se acerca a Dios
tiene que creer que él existe
y que recompensa a quienes lo buscan.[3]

No necesita tener la fe más grande ni la convicción más fuerte del mundo. El simple acto de creer lo suficiente para *buscar*, le basta a Él para acudir a usted. Busque y encontrará.[4]

Vivir este secreto en la práctica significa que en primer lugar, usted *da un paso adelante en su corazón*. Por eso vaya a un lugar tranquilo y dígale que lo está buscando. Derrame su corazón. Pídale un encuentro personal a Jesús, pídale que venga donde usted está. Pídale que se manifieste en su vida.

En segundo lugar, quizá le convenga hacer esto *con alguien que conozca bien a Jesús*. Busque a esa persona y oren juntos. Si nunca ha hecho algo así, tal vez le parezca extraño, pero es una de las experiencias espirituales más increíbles que uno puede tener. Pregúntele a esa persona cómo encontró a Dios y qué hace Dios en su vida.

En tercer lugar, *búsquelo leyendo la Biblia*. Dios le hablará en sus páginas. Es su carta de amor para usted. Olvide sus nociones preconcebidas y ábrala sin ningún misterio. Si nunca ha leído la Biblia, empiece en los salmos y el evangelio de Juan. Hable con Dios de lo que esté leyendo, luego guarde silencio y deje que Él le hable a su corazón.

Por último, *búsquelo para obtener respuestas a los asuntos de su vida.* Relaciones personales, finanzas, problemas, decisiones importantes, los hijos o cualquier asunto en el que necesite ayuda.

Busque y encontrará.

Recibir los regalos de Dios significa confiar en que Él nos ama y satisface nuestras necesidades. Significa atrevernos a ser vulnerables con Dios y con las personas indicadas. Con frecuencia significa confiar más allá de lo que uno pueda ver. Significa creer en el carácter de Dios más de lo que uno cree en el resultado deseado.

Las bendiciones de Dios le esperan y usted tiene la llave que las abre: su confianza.

La llave de todos los secretos

LA CONFIANZA ABRE LA PUERTA A LAS BENDICIONES

Confía en el Señor de todo corazón,
y no en tu propia inteligencia.
Reconócelo en todos tus caminos,
y él allanará tus sendas.
—PROVERBIOS 3:5–6

El acto de confiar o tener fe es nuestra manera de conectarnos a las fuentes de nuestros recursos. Puesto que somos finitos y limitados, nos toca obtener lo que requerimos afuera de nosotros mismos. Desde el principio de la vida, crecemos en la medida en que confiamos y recibimos todo lo que necesitamos. Cuanto más confiamos e invertimos en las fuentes que suministran lo que necesitamos, más recibiremos de ellas.

Este secreto de la confianza es la llave que abre la puerta a todos los demás secretos. Por medio de confiar, nos conectamos con Dios de una manera que muestra nuestra dependencia y nuestra sumición a Él. Esto es lo que Él más desea de nosotros. Él quiere por encima de todo que confiemos en Él y dependamos de Él. Es más, Dios dice que sin confianza, o fe, es imposible agradarle, tener una relación con Él o recibir cosa alguna de su parte.[1] La confianza es la esencia de la «fe» que nos dispone a recibir todo lo que necesitamos de Dios.

Aprender a depender de Dios expandirá su vida más de lo que podría imaginar y la mejorará en todo sentido. Cuando usted confía, da los pasos de fe necesarios para recibir bendiciones que jamás habría recibido y obtiene logros que nunca pensó posibles. Es la manera como su vida crece en vigor e influencia.

Rhonda Byrne dice en *El Secreto*: «Su trabajo no es averiguar el cómo. El cómo saldrá de su compromiso y creencia en el qué».[2] Debo admirar la fortaleza de compromiso y la disposición a creer en algo más allá de nosotros mismos que percibo en esta frase. Como cristiano, el objeto de mi fe (el «qué») no es un universo impersonal sino un Dios personal. Cuando esa disposición a creer, esa confianza voluntaria, se enfoca en el Dios que realmente puede y quiere ayudarnos, nuestras vidas cambiarán para beneficio de toda la humanidad.

Cuando yo emprendí mi camino en la fe, no tenía idea de qué significaba confiar en Dios, pero encontré una de mis primeras pistas en el afiche de una librería. Era la imagen de un atardecer espectacular sobre un océano, con una cita de Ralph Waldo Emerson:

> Todo lo que he visto me enseña a confiar
> en el Creador respecto a todo lo que no he visto.

Eso me ayudó a superar el primer obstáculo de confiar simplemente que Dios era real y sabía lo que estaba haciendo. Al fin y al cabo, aquel bello paisaje natural no había salido de la nada. Alguien lo había creado, alguien mucho más grande e inteligente que yo. Por eso, a la par con Emerson, concluí que si Él pudo crear lo que yo estaba viendo, probablemente podría cuidar de mí.

Aunque no había captado el significado de todo eso, también recordé el pasaje que leí durante aquella experiencia inicial en mi dormitorio universitario, donde decía que si Dios cuida de las aves puede cuidar de mí. Ahora, muchos años después, esta verdad sigue llenándome de asombro. Y pensar que casi la pasé por alto.

CÓMO SE APLICA EL SECRETO DE LA CONFIANZA

Bueno, y entonces, ¿cómo usamos la llave para abrir el secreto de la confianza? Para empezar, damos el primer paso de fe sin vacilar. Como nos anima a «hacerlo nada más» el eslogan de Nike, aquí la idea es que demos el paso de una buena vez.

Dé ese primer paso de fe

Tras mi primer encuentro con Dios en la universidad, empecé a confiar en Él para que me guiara y me mostrara lo que debía hacer con mi vida. La razón real por la que empecé mis estudios superiores fue que quería jugar golf universitario. Elegí la carrera de contabilidad y finanzas aunque también había considerado estudiar derecho o administración de empresas, el caso es que no tenía metas reales y mucho menos un plan definido. Mis nuevos «amigos con fe» me dijeron que consultara con Dios acerca de mi futuro y que «se lo confiara». Sin saber lo que eso implicaba, pregunté de todas formas. De forma lenta pero inequívoca, Dios empezó a alejarme de mi carrera de contabilidad y finanzas, que me prometía un futuro más sólido, y a encaminarme por el campo de la psicología, que me garantizaría el desempleo al graduarme a menos que fuera admitido a una buena escuela para hacer el postgrado. Aunque no había tomado clases de psicología ni tenía experiencia alguna en ese campo, el mensaje de Dios fue claro. Requirió mucha confianza de mi parte, pero di el paso de fe y cambié de carrera.

Ahora bien, no estoy sugiriendo que usted haga cambios de esa magnitud sin hacer primero una investigación de todas las opciones disponibles. Yo verifiqué primero mis aptitudes, talentos y habilidades antes de abrirme camino en un nuevo terreno. Tuve que averiguar si tenía las cualidades necesarias, e hice las diligencias pertinentes. De todas maneras, fue un salto de fe hacia lo desconocido.

Cambiar de carrera no fue todo lo que Dios me tenía reservado, elegir una escuela de postgrado se convirtió en otra lección de fe. Había sido aceptado en la reconocida universidad Baylor cerca de Dallas, donde vivía en aquel tiempo. Hasta tenía resuelto un trabajo con una clínica y una oferta para convertirme en asociado tras someterme al entrenamiento. Lo tenía todo asegurado, sin riesgos, sin apuros económicos, sin tener que buscar trabajo puerta a puerta. Al parecer, bien había valido la pena mi paso de fe para cambiar de carrera, y ahora me encontraba en una situación bastante cómoda. Claro, hasta que me llamaron de un programa en Los Ángeles al que había aplicado. No conocía a nadie por esos lados, y California me parecía un lugar bastante extraño. En Dallas ya tenía todo en su lugar, así que ni pensarlo. Pero vamos, no perdía nada con la entrevista. Sería interesante conocer a alguien de esa parte del país.

Sin embargo, durante la entrevista, algo empezó a suceder. No oí una voz, pero sí percibí una dirección, algo intermedio entre un mandato y un llamado, y supe que no procedía de mí. Básicamente fue este mensaje: «Ve a California». Dios me estaba diciendo que dejara toda mi seguridad y comodidad y que diera un paso hacia lo desconocido, confiando en Él nada más. No me cupo la menor duda. En el transcurso de aquella entrevista de una hora, recibí la orden de ir a Los Ángeles para hacer mis estudios de postgrado. Sin amigos, sin trabajo, sin un futuro claro. Solamente con Dios. Así fue como di aquel primer paso y me fui California. Desde entonces, mi vida no ha parado de expandirse, y todo como resultado de haber dado aquellos primeros pasos de fe.

Pegue el salto

Cuando mi hija estaba aprendiendo a nadar a los cuatro añitos, yo trataba de ayudarla a soltarse de las gradas al borde de la piscina y saltar en mis brazos para poder ayudarla a pasar al siguiente nivel. «No papi, no, me da miedo, ¿qué tal si me hundo?»

> DESDE ENTONCES, MI VIDA NO HA PARADO DE EXPANDIRSE, Y TODO COMO RESULTADO DE HABER DADO AQUELLOS PRIMEROS PASOS DE FE.

Yo le insistía con muchos ruegos: «No te voy a dejar hundir, te lo prometo. Confía en mí». Después de incontables episodios de la misma rutina, ella por fin saltaba, se agarraba a mis manos y empezaba a mover las piernas. Esa fue la única manera en que pudo aprender la magia de flotar en el agua. Primero tuvo que confiar en mí, y después confiar que todo iba a salir bien.

¿Cuántas veces Dios ha tenido que insistir, y hasta casi rogarnos, para que demos ese paso? «Vamos, estoy aquí mismo. No te dejaré caer. Lo prometo. Confía en mí». Nosotros protestamos y decimos que nos da miedo, nos preocupa hundirnos si saltamos al agua, o que Él no nos sostenga. Y todo el tiempo, justo un paso adelante del lugar en que nos sentimos seguros y confiados, Él nos tiene preparada una vida abundante y maravillosa, llena de cosas asombrosas y satisfacción.

No siempre sabemos qué hay por delante o qué sucederá a continuación, pero si conocemos a Aquel que lo sabe, podemos confiar en Él para todos nuestros asuntos pues sabemos que nos ama. Cuando estaba tomando mi decisión para trasladarme del todo a California, yo no conocía a nadie ni sabía qué me esperaba al llegar, pero Dios me mostró un pasaje bíblico que me ayudó mucho. Es acerca de un hombre que vivió hace un par de milenios y obedeció el llamado de Dios para arrancar su tienda e irse a un lugar desconocido:

> *Por la fe Abraham, cuando fue llamado para ir*
> *a un lugar que más tarde recibiría como herencia,*
> *obedeció y salió sin saber a dónde iba.*[3]

Decidí que si Abraham pudo hacerlo, no podía quedarme atrás. Lo que encontré al llegar a California fue que Dios me había guiado a una escuela de aprendizaje y desarrollo que era exactamente lo que necesitaba para emprender la carrera que Él me tenía planeada. Me llevó a una comunidad de restauración y sanación personal, justo lo que yo necesitaba para convertirme en un profesional exitoso en ese campo. Esa misma comunidad me proveyó los recursos para vivir de manera sana y establecer las conexiones personales que deseaba.

Él me dirigió a cada paso en mi trabajo y abrió la puerta para cada oportunidad nueva. En cada paso del recorrido, Él me dio los recursos y las personas que necesitaba para llevarlo a cabo. Él proporcionó cada paso, pero cada paso también requirió algo de mí: *confianza*. A mí me tocó dar el paso. Además, aprendí por qué Dios requiere confianza de nuestra parte, y es que la confianza nos impulsa a ir más allá de donde estamos y nos conecta a lo que Él quiere hacer por nosotros y lo que quiere que hagamos para Él.

Atrévase a ser vulnerable

Si no confiamos, quedamos limitados a nuestros propios recursos, y ninguno de nosotros fue creado para hacer todo por su cuenta. Cuando un recién nacido entra al mundo, no tiene otra alternativa que confiar en las personas encargadas de su cuidado. Es a través del proceso de confiar que el bebé recibe nutrición, cuidado y buen desarrollo. El bebé progresa, fortalece su estructura ósea y muscular y adquiere movilidad a medida que su cerebro y su cuerpo crecen. Todo lo que necesita lo recibe fuera de sí mismo como resultado de ser vulnerable a quienes constituyen la fuente de sus cuidados. El bebé no puede cuidarse a sí mismo, pero confiando en otras personas que satisfacen sus necesidades, crece sano y fuerte. Nosotros somos iguales.

Un hombre me dijo una vez que no confiaba *en nadie*. Le dije que eso era imposible y se estaba engañando, pero que si se sentía mejor sintiéndose totalmente aislado e independiente, mejor para él.

Luego le pregunté:

«¿Usted llegó aquí manejando su auto? En ese caso, tuvo que confiar en cientos de otros conductores que iban en dirección opuesta y no chocaron con su auto. ¿Acaso comió algo? Entonces, confió en todas las personas que prepararon o empacaron su comida para no pasarle algún parásito. ¿Alguna vez ha viajado en avión? Cuando va por el aire, confía en que el piloto no vaya a estar drogado ese día. Así que no me venga con eso de que no confía en nadie».

El problema real del hombre era su dificultad para confiar en Dios a fin de arriesgarse a dar su próximo paso de crecimiento. Pero a medida que entendió cómo depositaba su confianza en gente extraña todos los días para realizar un montón de cosas, fue capaz de dar pasos de confianza hacia Dios. ¿Qué paso le pide dar Dios que lo hace vulnerable?

Empiece con lo que necesita

Entonces, ¿para qué necesita confiar en Dios? Para todo, por supuesto, pero especialmente para todo aquello que usted no puede obtener ni lograr por su cuenta. Así es como tendrá una vida de mayor influencia que la que tiene ahora, y así también es como servirá a Dios y cumplirá los propósitos que Él tiene para usted. Empiece en las áreas donde su bienestar esté en manos de Dios.

Examine la siguiente lista y vea cuántas de estas experiencias ha tenido. ¿Las pasó con Dios o trató de lograrlo sin ayuda? La próxima vez, confíele sus necesidades a Dios:

- Decidirse por una carrera.

- Salvar su matrimonio.

- Aprender a amar y dejarse amar de nuevo.

- Adquirir una habilidad necesaria para hacer lo que Él le ha pedido o para lograr su sueño.

- Conseguir el dinero que necesita para hacer lo que Dios le ha mandado hacer.

- Empezar y administrar su negocio.

- Educar y proteger a sus hijos.

- Convalecer tras recibir la mala noticia de una enfermedad.

- Superar un rompimiento en su vida personal.

- Contemplar el futuro sin preocupación.

- Arreglar un problema emocional o eliminar una adicción.

- Acudir a consejería.

- Recibir la ayuda precisa en algún área de la vida.

- Encontrar una comunidad de creyentes o amigos sanos.

- Relacionarse debidamente con personas del sexo opuesto.

Sus necesidades no pueden ser satisfechas sin confianza. Atrévase a dar el paso. Salte al agua. Atrévase a creer. Dios no lo va a decepcionar.

Confíe en el carácter de Dios, no en un resultado dado

Hemos hablado de algunos resultados positivos de dar pasos de fe y confianza. Hemos visto que las cosas sí pueden funcionar bien, aun de maravilla. Pero, ¿qué pasa cuando no es así? ¿Qué hacer entonces? ¿Significa que Dios lo ha decepcionado?

La Biblia es muy clara al respecto: la confianza en Dios no se basa en resultados específicos que podamos ver. Nuestra confianza está basada en su amor por nosotros y su carácter. De hecho, el capítulo de la fe en la Biblia, Hebreos 11, nos da ejemplos de personas que dieron pasos de fe y sufrieron atrocidades pavorosas sin recibir lo prometido. Su recompensa habría de llegar más tarde, pero ellos agradaron a Dios con su fe.

Es fácil creerle a Dios en la cima del monte, pero cuando estamos en el valle y es oscuro y nos sentimos solos, ahí es cuando nuestra fe es sometida a prueba. Las veces que perdemos un ser querido o el empleo, nuestra salud o una relación, es cuando nos resulta difícil confiar en Dios. Pero también son los momentos en que más lo necesitamos. Son los momentos en que necesitamos saber que no importa cuánto haya empeorado la situación, Dios está ahí con nosotros, nos ama y nos sacará adelante.

Si seguimos aferrados a Dios durante los momentos difíciles, descubriremos que Él nunca se aparta de nuestro lado en medio del dolor y que cuando superemos la crisis, Él nos seguirá acompañando y nuestra fe habrá sido fortalecida en el proceso. De ese modo, la próxima vez que enfrentemos dificultades, seremos más fuertes y nuestra confianza en Él será mayor todavía. A veces, Él no nos libra de la dificultad y simplemente nos ofrece su presencia y el apoyo de otros.

Confiar en Dios en las malas requiere la fe más profunda que hay. Es la clase de fe que Jesús nos demostró al enfrentar la muerte y clamar: «Dios mío, Dios mío, ¿por qué me has abandonado?».[4] Esa fue la clase de fe que Job tuvo cuando lo perdió todo y dijo: « He aquí, aunque él me matare, en él esperaré».[5] Como Job, los que llevan años conociendo a Dios han llegado a un punto en que no importa qué suceda, confían en Aquel que los amó lo suficiente para morir por ellos, porque conocen su carácter.

> CONFIAR EN DIOS EN LAS MALAS REQUIERE LA FE MÁS PROFUNDA QUE HAY.

Ellos saben que Él es el único y verdadero Dios, que es un Dios bueno y que nos ama tanto que murió por nosotros. Por eso, cuando tengamos esa clase de fe, así no lo entendamos todo, sabremos que lo mejor es confiar en Dios basándonos en su amor por nosotros y su carácter.

Confíe en Dios aunque no entienda lo que sucede

No hace mucho tuve una experiencia maravillosa que empezó con una conversación casual y terminó con la otra persona iniciando una relación con Dios. Durante uno de mis viajes hablé con una mujer que trabajaba en el hotel donde me hospedaba, y cuando se enteró de que yo escribía libros de psicología y espiritualidad, me dijo:

«Acabo de tener una experiencia que me hizo pensar en esos asuntos».

«¿Y qué fue?»

«Un amigo mío murió en la flor de la vida. Era un excelente esposo y padre, pero le apareció un tumor que creció rápidamente y murió. Eso me partió el corazón, sobre todo cuando me puse a pensar en su familia. Lo conocí en el trabajo y no conocía a sus familiares, y me sentí mal por ellos y sus demás amigos a quienes no conocía. Estuve bastante triste por eso. Cuando asistí al funeral, muy desconsolada por la tragedia, fue muy diferente de lo que había anticipado», me dijo.

«¿Cómo así?», le pregunté.

«Pues, que en lugar de ser una ocasión lúgubre fue más bien una celebración. No me lo esperaba».

«¿Una celebración?»

«Sí, él y su familia creen en Dios y en el cielo, y todos estaban hablando de dónde está mi amigo ahora y que van a volverlo a ver y todo eso. O sea, estaban tristes y todo lo demás, como si lo estuvieran extrañando, pero en otro sentido se encontraban de buen ánimo. Era como si creyeran de verdad que iban a verlo de nuevo».

«Estoy seguro de que lo verán», dije.

«¿Cómo puede estar tan seguro de eso?», me preguntó. «Es decir, ¿usted también cree eso?»

«Sé que le puede parecer extraño» dije, «pero en este punto de mi vida ni siquiera diría que lo creo sino más bien que lo sé con certeza».

«¿Pero cómo puede saberlo?», preguntó.

«Porque Jesús dijo que iba a llevarse al cielo con Él a cualquier persona que creyera en Él. Y yo sé que Jesús sigue vivo hoy porque le he visto hacer muchas cosas todos estos años. Yo lo conozco», dije. «Por eso, cuando alguien muere, podemos saber que vamos a ver otra vez a esa persona, en un lugar tan real como este. Y es por eso que la Biblia nos dice que nosotros como creyentes no nos entristecemos como los que no tienen esperanza.[6] La ausencia del ser querido sí nos pone tristes, pero tenemos la certeza de que la muerte no es el final».

«¿Y usted nunca tiene dudas?», me preguntó.

«Antes sí» contesté, «pero ahora no dudo que Dios es real. Es que ya he visto demasiadas evidencias. Por supuesto, hay muchas cosas que no entiendo, especialmente cuando suceden cosas tan duras como la muerte de su amigo. Pero sé que Dios es real y confío en Él en cuanto a las cosas que no entiendo. Además, me consuela saber que Él está en control, así yo no lo entienda. Es como sucede con mis hijas, que tienen cinco y seis años. Es que hay cosas que suceden y que yo entiendo totalmente, pero ellas no. Cuando me hacen preguntas al respecto, yo se las explico, pero ellas se quedan sin entender. Todavía no son capaces de entender algunas cosas que los adultos comprendemos sin problemas. Ellas simplemente asienten con la cabeza, se olvidan del asunto y preguntan: "¿Qué hay de comer?". De algún modo, les tranquiliza saber que así no entiendan lo que pasó, yo sí. De forma similar, yo no tengo ningún problema con el hecho de que hay cosas que no entiendo acerca de Dios o de por qué permite que sucedan ciertas cosas. Si puedo entender cosas que mis hijas no pueden captar, ciertamente puedo aceptar que un Dios infinito entienda cosas que se escapan de mi mente limitada. Además, ¿cómo podría esperar que comprenda totalmente a un Dios infinito? ¿Quién querría un Dios al que pudiéramos abordar con nuestra inteligencia y sabiduría? Si no fuera más inteligente que un ser humano, no nos serviría de mucho.»

Seguimos hablando más acerca de cómo iniciar una relación con Dios, y ella dio el paso ahí mismo. Fue una experiencia asombrosa, y me hizo reflexionar en la verdad y el poder de este secreto de Dios: cuando nos conectamos a la fuente de todo lo que es bueno, así no logremos entenderlo todo, tenemos acceso a bendiciones inimaginables en nuestra vida.

No caiga en las trampas de la necedad

Me erizo cada vez que me entero de que un papá o una mamá decidieron interrumpir el tratamiento médico de su hijo para «dar un paso de fe» y confiar en que Dios lo sanará, porque los resultados siempre son desastrosos. Me dan lástima los necios que pierden ingenuamente todo lo que poseen por pegar un salto de fe en falso, apostándolo todo en alguna idea o plan sin pies ni cabeza. Me producen tristeza aquellos que se casan ciegamente con una persona que casi no conocen, diciendo que confían en que Dios hará que el matrimonio funcione. La confianza no es lo mismo que la estupidez.

> CUANDO NOS CONECTAMOS A LA FUENTE DE TODO LO QUE ES BUENO, ASÍ NO LOGREMOS ENTENDERLO TODO, TENEMOS ACCESO A BENDICIONES INIMAGINABLES EN NUESTRA VIDA.

Satanás trató que Jesús saltara de un precipicio para que demostrara que confiaba en que Dios lo salvaría. Jesús le respondió diciendo que nunca deberíamos poner a prueba a Dios.[7] Dios no es responsable de nuestras decisiones insensatas y no nos las va a acolitar. Él nos dio cerebro para que lo usemos. La confianza consiste en dar un paso de fe creyendo que Dios hará lo que nos dijo o lo que nos mandó claramente hacer. Por eso podemos tener plena confianza en sus promesas, pero no debemos presumir que Dios vaya a respaldar todo lo que se nos antoja ni hacer lo que queremos que haga, y proceder ciegamente. No confunda la fe con el fiasco.

UNA VIDA MEJOR

Dígame entonces, ¿qué tanto está confiando en Dios? ¿Hay alguna área de su vida en la que quiera que Él se manifieste más? ¿Puede confiar en Él para mejorarla? Quiero darle algunas sugerencias para vivir esto en la práctica.

Sepa en quién está confiando

Lea la Biblia y aprenda más sobre el carácter de Dios. Cuanto más sepa de Él, más fácil le resultará confiar en Él. Tal vez disfrute leer los salmos, que capítulo tras capítulo revelan gloriosos atributos y características de Dios. De este modo usted tendrá presente con quién está tratando.

También le conviene conocer mejor a Jesús, pues Jesús dijo que si lo hemos visto, hemos visto al Padre.[8] Lea las páginas de los evangelios y vea el amor de Jesús, su cuidado, su compasión y su poder. Así sabrá en quién está confiando. Mire cómo el Buen Pastor trata a sus ovejas y recuerde que usted es una de ellas.

Decida qué cambio necesita y defina los pasos

Examine las áreas de la vida en las que quiere ser diferente y pregúntese cuánta fe está dedicando a esas áreas. Pídale a Dios que lo ayude a tomar decisiones claras sobre lo que quiere cambiar, y luego defina los pasos de fe que debe dar para que el cambio se haga realidad. Recuerde que la fe sin acciones prácticas está muerta.[9] Si usted no está dando pasos de confianza que lo dejen en cierta medida vulnerable, no se está estirando lo suficiente y no va a crecer en su fe. ¿Cuál es el primer paso que necesita dar? Tal vez no sea fácil darlo, pero Dios siempre estará ahí para levantarlo si cae, y siempre le tendrá reservado lo mejor. Defina los pasos de confianza y fe que quiere dar y empiece a darlos ya.

De ser necesario, vuelva a trazar su «mapa de confianza»

Pregúntese si hay algo en su pasado que haya estropeado su capacidad para confiar. ¿Fue alguna persona? ¿La iglesia? ¿Tuvo una experiencia traumática? Todo esto puede afectar nuestra capacidad de tener confianza y nos vuelve como el hombre mencionado al comienzo del capítulo, aquel que afirmaba no confiar en nadie. Todos podemos imaginar el aspecto probable de su pasado. Averigüe de dónde sacó su «mapa de confianza» y empiece a trazar de nuevo el sendero de su futuro. Si necesita la ayuda de un consejero, no dude en conseguirla.

Aprenda de otros testimonios de fe

Lea las historias de fe de otras personas y aprenda de sus testimonios. La Biblia dice que nuestra fe se fortalece al ver lo que otros creyentes han hecho y lo que Dios ha obrado en sus vidas. Haga una búsqueda de testimonios de cristianos por Internet o lo que tenga a disposición. Se asombrará al ver todo lo que Dios está haciendo alrededor del mundo.

La confianza es un músculo que crece a medida que usted aprende a vivir con la certeza de que Dios puede hacer realidad lo que usted no puede ver. Por supuesto, todavía no lo puede ver porque es necesario que usted dé ese paso, el paso de la confianza.

CONFÍE EN EL CARÁCTER Y LOS MÉTODOS DE DIOS

Hasta este punto, nuestra búsqueda de las cosas secretas de Dios se ha centrado en Dios mismo y nuestra relación con Él. En las próximas secciones vamos a estudiar algunos de los secretos que Dios nos ha dado para que nos vaya bien[10] en las áreas de la vida que más nos interesan: nuestro bienestar emocional, nuestras relaciones y nuestro propósito. Aprenderemos que el Creador mismo nos ha dicho cómo hacer que funcione de maravilla la vida que Él creó.

La última sección de esta historia cerrará el círculo y nos llevará de vuelta a los secretos *no religiosos* acerca de Dios que le darán los fundamentos y lo prepararán para vivir en la práctica todos los secretos que descubra en este libro.

Procedamos a descubrir esos tesoros.

$\mathcal{D}$ios nos creó con la capacidad y el deseo de sentirnos felices. Todos queremos tener esa sensación de bienestar que a veces nos elude y que nos dice que todo está bien en nuestro mundo. Aunque la felicidad no es la única ni la más alta prioridad de Dios para nosotros, Él definitivamente quiere que nos sintamos bien y que vivamos llenos de gozo, paz y esperanza. Como todo lo demás en este mundo, existen leyes y principios que gobiernan nuestra felicidad.

En las siguientes páginas usted verá cómo estos principios espirituales pueden transformar su vida.

Secretos de la felicidad

NADIE PUEDE ESTAR DESCONECTADO Y SER FELIZ

Más valen dos que uno… Si caen, el uno levanta al otro.
¡Ay del que cae y no tiene quien lo levante!

—ECLESIASTÉS 4:10

Dave era un empresario exitoso y el favorito de todos. Con su personalidad arrolladora, uno creería que lo tenía todo: amigos, dinero de sobra, una bella familia y el mundo agarrado por la cola. Hasta que…

Un cambio en el mercado le ocasionó ciertas dificultades a su negocio de manufacturas. No era un problema sin solución, y aunque era preocupante, no iba a ser una amenaza a largo plazo. Salieron algunos artículos en la sección de negocios del periódico acerca de las dificultades y el futuro de la empresa, algo muy típico cuando suceden crisis de este tipo. Pero en definitiva, no era nada que un ejecutivo de ese nivel no pudiera manejar. Ese era justamente su trabajo, pero por alguna razón el asunto empezó a afectarlo más de lo usual. El hecho de que el público lo viera como alguien no tan exitoso, junto con la presión de las consecuencias financieras, empezó a carcomerlo por dentro.

Lentamente, Dave se fue aislando. Dejó de ver a sus amigos, jugar golf, ir a la iglesia y relajarse. Se quedaba cada vez más tarde en la oficina para «resolver la crisis» como informaba a su esposa. Lo que nadie vio fue que se estaba desconectando de las personas que más lo querían. Sin que nadie cayera en cuenta de ello, la situación iba de mal en peor.

Finalmente desapareció. Un día no llegó a trabajar. Tampoco se apareció al otro día, ni al día siguiente. Nadie sabía su paradero, ni siquiera los miembros de la junta. Más tarde lo encontraron encerrado en la habitación del hotel donde se había quedado las últimas semanas. Su esposa creía que estaba en un viaje de negocios prolongado. Los miembros de su junta solicitaron mi ayuda y lo trajeron a mi consultorio. Vinieron con él para asegurarse de que no faltara. ¿Qué había sucedido? Dave se había hundido lentamente en una depresión profunda y no podía salir. La presión de todo el asunto, según dijo él, lo había «hecho añicos».

«Cuénteme, ¿cómo llegó a ese punto?», le pregunté.

«No sé» me dijo, «yo realmente no soy así. Siempre he sido

una persona muy positiva, pero supongo que esto me dio más duro de lo que pensé. No sé cómo me puse tan mal».

«¿Con quién se mantuvo en contacto todo este tiempo?», le pregunté.

«¡Con todo el mundo!», exclamó. «Los bancos, los socios, los clientes, los agentes de finanzas... tenía que hablar con todos ellos».

«No, no» le dije; «quiero decir, ¿con quién habló de cómo se sentía y de su manejo de la situación? Mejor dicho, ¿con quién se sintió en libertad de soltar su carga y descomprimirse?»

«Qué carga?»

«¿Acaso no se sentía deprimido y asustado? Es obvio que eso fue lo que lo hizo añicos».

«No sé a qué se refiere» me dijo, «yo no quería importunar a nadie con todos esos detalles. Era mi problema. Simplemente necesitaba entenderlo y resolverlo. Pensé que podría, pero se tornó demasiado para mí. Me hizo añicos. No pude soportarlo más. Por eso tuve que aislarme por completo».

«¿Sabe qué?», le dije. «No creo que los problemas de su empresa lo hayan hecho añicos, como usted dice. Usted tiene la inteligencia necesaria para arreglar esos asuntos. A mí me parece que fue otra cosa».

«¿Qué cosa?»

«Lo que lo hizo añicos fue su aislamiento. No que se haya tomado un descanso del trabajo y el estrés. Quiero decir que cuando las cosas se pusieron difíciles, usted trató de superarlo por su cuenta, sin contar con el apoyo de otras personas. Eso es lo que pienso. Tenemos que averiguar por qué usted optó por manejar este asunto como lo hizo, por qué decidió desconectarse de las personas con quienes más podía contar cuando más las necesitaba».

«No tengo la más remota idea de lo que me está diciendo», dijo en tono adormecido y con la mirada extraviada. En ese momento supe por qué todo se había desmoronado, y también que nos quedaba mucho trabajo por hacer.

NO FUIMOS CREADOS PARA ESTAR SOLOS.

El derrumbe de Dave y la pérdida de su negocio, el cual terminó perdiendo por haber desaparecido, no tuvieron nada que ver con asuntos de negocios, ya que todos los problemas de su empresa tenían solución. Su caída en picada y la pérdida de su negocio fueron resultados directos de haber desconocido uno de los secretos más importantes de Dios: no fuimos creados para estar solos.

¡SU VIDA DEPENDE DE ELLO!

Preste atención: para que la vida funcione, debe vivirse de la manera en que fue diseñada. Dios la diseñó para que la vivamos en relación estrecha con nuestros semejantes. No solamente su felicidad sino su vida misma dependen de su capacidad para conectarse con otros de manera profunda y significativa. Así es como Dios lo creó porque así es Él. Si tan solo Dave hubiera conocido este secreto antiguo del Eclesiastés:

> *Más valen dos que uno,*
> *porque obtienen más fruto de su esfuerzo…*
> *Uno solo puede ser vencido, pero dos pueden resistir.*
> *¡La cuerda de tres hilos no se rompe fácilmente!* [1]

Dios no nos creó para estar solos. Uno de los secretos de nuestra fe es que nuestro Dios, quien nos hizo a su imagen, no es un ser aislado. Él no existe en un vacío, envuelto en sí mismo. Él ha existido siempre en una relación personal. El Padre, el Hijo y el Espíritu existen en perfecta unidad, pero también son tres personas que mantienen una relación de amor mutuo. ¿No ha notado que todos los seres vivos en el universo son sociales por naturaleza? Las rocas no tienen vida biológica y tampoco tienen vida social, pero los perritos sí. Todos los seres que tienen *aliento* se relacionan entre sí. Nosotros vivimos en un universo relacional. Para sobrevivir y crecer, tenemos que estar conectados con otros seres.

Una de las palabras bíblicas que describen esta realidad es la expresión griega *koinonia*. Se traduce en muchos lugares como «compañerismo», pero significa mucho más. Dave me habría contestado que sí tenía «compañerismo» en su vida, ya que contaba con «amigos» como colegas, socios y golfistas, pero ese no es el concepto bíblico. Aquí se trata de relaciones que ahondan más allá de la superficie, que llegan a un lugar donde nuestros corazones quedan literalmente conectados entre sí en el campo espiritual. Cuando tenemos esa clase de compañerismo, nuestros corazones permanecen «unidos por amor»[2] y llegamos a estar «unidos en alma y pensamiento»[3], como lo dice el apóstol Pablo. La palabra *koinonia* no se refiere a una reunión para comer en el salón de una iglesia sino a compartir experiencias y forjar la unidad, hasta llegar al punto en que nuestra vida está entretejida con la de todos los demás. Significa que sin importar por qué esté pasando uno, hay otras personas que participan de su experiencia y ayudan a uno a asimilarla.

Piense nada más si Dave hubiera contado con la clase de apoyo que encontró David, el futuro rey de Israel, en su amigo Jonatán, al pasar por una de sus épocas más difíciles:

> *Jonatán, por su parte, entabló con David*
> *una amistad entrañable*
> *y llegó a quererlo como a sí mismo.*[4]

¿Qué habría pasado? Dave habría manejado las cosas de manera muy diferente. Su talento, su intelecto, su creatividad y su energía habrían podido enfocarse en resolver el problema y su empresa se habría salvado, tal como fue preservado el reinado de David.

DEMOSTRADO POR LAS INVESTIGACIONES

Esto no es cuestión de teoría. Es el secreto del plan de Dios, y lo demuestran las investigaciones. Se han acumulado más datos sobre esta realidad que en casi cualquier campo de la psicología. Las personas que permanecen conectadas a otros seres humanos han demostrado tener mejor desarrollo cerebral y sistema inmunológico, así como menor vulnerabilidad psíquica a toda clase de problemas como depresión, ansiedad, adicciones y demás. Demuestran mayor resistencia a las enfermedades y soportan mejor las enfermedades, tienen menos problemas del corazón, cáncer, derrames, artritis, etc. La lista es extensa. En otras palabras, cuanto más conectado esté, mayor será su nivel de felicidad y salud.

¿Por qué? Porque usted fue diseñado para ser como Dios, y vivir una relación profunda de amor con otros seres todos los días de su vida, desde el vientre materno hasta la tumba. Los bebés y los ancianos se mantienen saludables únicamente cuando están próximos a otros seres humanos. No solamente son más saludables, sino que también tienen mejor uso de sus facultades mentales. La conexión con los demás determina el manejo del estrés mediante la regulación hormonal. Cuando una persona tiene demasiadas hormonas de estrés en su organismo, el razonamiento se debilita. Dave pudo haberse beneficiado mucho de este aspecto.

Uno de mis ejemplos favoritos de interconexión viene de la investigación sobre la liberación de cortisol en monos, ratas y otros animales que han sido sometidos a una gran presión. El cortisol es algo que no conviene tener en altas cantidades en el cerebro. Es una hormona fuerte de estrés. Cuando los investigadores colocaban un mono en una jaula y lo exponían a ruidos fuertes que lo asustaban, el pobre mono experimentaba estrés y las cantidades de esta sustancia química en su organismo eran muy altas. Pero aquí viene lo interesante, cuando colocaban a uno de sus amiguitos monos en la jaula con él, aunque los ruidos terribles continuaban, *la cantidad de cortisol en su cerebro bajaba*. El agente perturbador era el mismo, pero el nivel interno de estrés bajaba por el simple hecho de tener un amigo cerca.

No crea que porque no es un ermitaño que vive en una cueva no está aislado. Usted será feliz en la medida en que permita el acceso a los demás. Tiene que aprender a sincerarse con unas cuantas personas de confianza. Puede hacerlo entrando a un grupo de apoyo, un grupo de estudio bíblico donde se compartan vivencias, o un grupo de oración. Puede reunirse con amigos cercanos para tomarse un café, con un grupo donde se discutan los problemas de la vida, o también puede frecuentar un terapeuta. Elija cualquier canal de expresión, la cuestión definitiva es: ¿Está dispuesto a dejar que otros se le acerquen? Sea asequible a los demás y será más feliz a la larga. Aquí las palabras de la canción que interpreta Barbra Streisand son muy ciertas: «La gente que necesita a otra gente es la gente más afortunada del mundo».

SUS PENSAMIENTOS DETERMINAN SUS SENTIMIENTOS

Nunca le asalta el temor
de recibir malas noticias,
pues confía en Dios.
—SALMO 112:7 BLS

Lo que sucede dentro de su cabeza encontrará la salida y se hará realidad en su vida.

Algo que me gusta del libro de Rhonda Byrne, *El Secreto*, es la importancia que atribuye al poder de nuestros pensamientos. Aunque no estoy de acuerdo con que podamos atraer a nosotros todas las cosas que queremos con nuestra mente, como si fuéramos Dios, sí aprecio la insistencia del libro en el impacto que tienen los pensamientos en nuestra vida y nuestra capacidad para controlarlos. Nuestros pensamientos son tan importantes para nuestro bienestar y el desenlace de la vida que la Biblia habla de ellos extensamente.[5]

Muchos de nosotros nos sentimos incapaces de controlar nuestros pensamientos, pero estar en control de ellos es uno de los secretos para controlar cómo nos sentimos, y por ende, cuán *felices* somos. El apóstol Pablo nos dice que «[llevemos] cautivo todo pensamiento para someterlo a Cristo».[6] En otras palabras, usted no tiene por qué dejar que ronden por su cabeza ideas ajenas a Dios. Esa clase de negatividad no produce vida. Cualquier cosa que destruya lo bueno desde su interior no viene de Dios. Pablo lo expresó magistralmente:

Usamos el poder de Dios para destruir las fuerzas del mal,
las acusaciones y el orgullo de quienes quieren
impedir que todos conozcan a Dios.
Con ese poder hacemos que los pecadores cambien
su manera de pensar y obedezcan a Cristo.[7]

Cambiar nuestra manera de pensar significa que todos los pensamientos, emociones e impulsos que anden por ahí sueltos sean amarrados y ordenados dentro de la estructura de vida moldeada por Cristo. ¿Será que rondan por su cabeza unos cuantos pensamientos, emociones e impulsos contrarios a Dios? Cuando esos pensamientos torcidos por las fuerzas del mal arremeten en su cabeza, pueden llegar a controlar su vida, sus relaciones y su destino. Pueden ocasionarle depresión, pesimismo, desesperanza, adicción o ansiedad. También pueden arruinar su vida social y su capacidad de lograr sus metas y sueños. Es imperativo que tome las riendas de lo que sucede dentro de su cabeza porque lo cierto es que *sus pensamientos tarde o temprano terminan haciéndose una realidad en su vida.*

LA INVESTIGACIÓN LO DEMUESTRA

Sabemos que es cierto porque «la Biblia dice así», como declara la canción infantil, pero la investigación empírica también confirma que sus pensamientos ejercen gran influencia en su vida. Los investigadores del optimismo han descubierto que nuestra manera de pensar afecta todas las áreas de la vida. La misma investigación muestra que los pensamientos negativos también afectan su vida, como lo ha descrito Martin Seligman tras muchos años de observación. Por medio de su labor investigativa, Seligman descubrió que existen tres formas negativas en que algunas personas interpretan o explican lo que sucede en sus vidas.[8]

Primero están las explicaciones *personales*. Desde esta perspectiva, si algo negativo sucede es porque algo anda mal con uno, algo muy personal. Digamos que usted llama a clientes y ninguno compra su producto. Supongamos que termina pensando: *Ellos creen que soy un idiota; qué perdedor soy. No puedo vender nada.* En ese caso, usted ha personalizado el evento y piensa que los resultados negativos se deben a algún defecto suyo, en lugar de hacer la simple observación: *Supongo que no necesitan lo que les estoy vendiendo hoy.*

En segundo lugar, las explicaciones *universales*. Con estas, usted interpreta cualquier dificultad como un resultado normativo que rige todos los aspectos de su vida. En lugar de limitar su análisis al trabajo realizado ese día, usted se pone a pensar: *No solamente no sirvo para vender, el resto de mi vida también es un fracaso.*

Nada de lo que intento me sale bien, siempre lo echo todo a perder. Este sentido universal de fracaso lo predispone a fracasar en el futuro y es un pasaje garantizado a la depresión y la conmiseración.

La tercera interpretación consiste en ver cada incidente como prueba de una característica *permanente* de su vida. Este punto de vista hace que los problemas parezcan no tener solución, y usted siente que no puede hacer nada al respecto. *Encima de que no pude cerrar esta venta, así es como será siempre. Nadie jamás me comprará nada a mí.* Cada vez que pensamos que una mala experiencia va a ser la norma en adelante, estamos en problemas.

Usted tiene que tomar una decisión. Puede estar en control y llevar cautivo todo pensamiento, o puede dejarse mangonear por el negativismo y desviarse de la meta. Quiero darle unas refutaciones verbales que puede usar para destruir esas filosofías torcidas y derribar los obstáculos contrarios a la verdad de Dios.[9] ¿Está listo? Aquí vamos.

DESTRUYA ESA MANERA DESTRUCTIVA DE PENSAR

Cada vez que encuentre un obstáculo en el camino o se sienta en medio de un huracán de negatividad, recuerde que Dios le ha dado el poder para avanzar «llevando cautivo todo pensamiento a la obediencia a Cristo».[10] Refute esos pensamientos destructivos usando estas poderosas herramientas y acordándose de la verdad de Dios:

1. «No soy un perdedor. Soy un hijo de Dios. Él me ama y va a ayudarme en todo sentido» (esta afirmación combate las explicaciones *personales* negativas).

> *Pues estoy convencido de que ni la muerte ni la vida,*
> *ni los ángeles ni los demonios, ni lo presente ni lo por venir,*
> *ni los poderes, ni lo alto ni lo profundo,*
> *ni cosa alguna en toda la creación,*
> *podrá apartarnos del amor que Dios nos ha manifestado*
> *en Cristo Jesús nuestro Señor.*[11]

2. «Este suceso no va a ser la norma en cada área de mi vida porque Dios tiene todo bajo control y usará para bien todo lo que suceda» (esta afirmación combate las explicaciones *universales* erróneas).

> *Ahora bien, sabemos que Dios dispone*
> *todas las cosas para el bien de quienes lo aman,*
> *los que han sido llamados de acuerdo con su propósito.*[12]

3. «Mi futuro no es funesto y la vida no siempre será así. Dios nunca me dejará ni desamparará. Ningún futuro carece de esperanza de la mano de Dios» (esta afirmación combate las explicaciones *permanentes* fútiles).

> *Dios ha dicho: «Nunca te dejaré;*
> *jamás te abandonaré».*[13]

Cuentas con una esperanza futura,
la cual no será destruida.[14]

Esta manera de pensar está garantizada para ayudarlo a alcanzar su bienestar y las investigaciones lo demuestran. Además, la ventaja es que el poder que necesita no tiene que provenir de usted. Cada una de estas refutaciones apunta a Dios como la fuente del poder. A usted nada más le toca decidirse a mantener la conexión con Él y llevar todo pensamiento cautivo para someterlo a Cristo.

VIVA SIN TEMOR

Justo el otro día, mientras escribía este libro, recibí malas noticias sobre un proyecto en que participo. Los inversionistas tenían algunos problemas y para mí fue muy desalentador, sobre todo en el aspecto económico. También sentí algo de miedo pues las consecuencias para mí eran significativas. Sentí de inmediato el golpe emocional, pero con la misma rapidez me vino a la mente el salmo que dice:

Nunca le asalta el temor de recibir malas noticias,
pues confía en Dios de todo corazón.[15]

Cuando me acordé de ese versículo, mi manera de pensar en cuanto al incidente cambió inmediatamente. Pude sentir que mi corazón se contuvo. La verdad de Dios fue imponiéndose sobre mis sentimientos y pensamientos. Y como lo muestra la investigación del mono en la jaula, cuando le pedí a otras personas que me ayudaran a resolver el problema me sentí mucho más calmado y tuve la mente más clara porque ya no estaba solo en la situación. Me imagino que los niveles de cortisol en mi cerebro bajaron muchísimo. Por lo menos mantuve la cordura, gracias a la verdad de Dios. El pensamiento positivo no es una fantasía de la Nueva Era, ha estado en la Biblia mucho tiempo.

Usted tiene más control del que cree sobre cómo se siente. Aquí también las investigaciones respaldan lo que la vida y la Biblia nos muestran. La investigación del psiquiatra Aaron Beck[16] ha mostrado que algunos problemas emocionales están claramente ligados a la negatividad mental en cuanto a tres aspectos: *el mundo, nosotros mismos* y *nuestro futuro*. Su perspectiva en estas áreas tiene un efecto inmenso en su felicidad.

> EL PENSAMIENTO POSITIVO NO ES UNA FANTASÍA DE LA NUEVA ERA, HA ESTADO EN LA BIBLIA MUCHO TIEMPO.

¿Cómo ve su mundo? ¿Lo ve como un lugar tétrico donde solamente suceden cosas malas? ¿Recuerda la historia de Dave? Así fue como él lo llegó a ver. Para Dave el mundo se había convertido en un lugar donde nadie lo quiere a uno si está fracasando. *Mis amigos no quieren oír acerca de mis problemas*, fue lo que pensó. Por eso se aisló, y los resultados de esta manera de pensar fueron desastrosos.

Por ejemplo, he visto a personas solteras que se quedan solas y no salen con nadie por su manera de ver el mundo. Piensan: *Ya no quedan buenos candidatos, todos los buenos ya están con alguien*. Por eso ni siquiera lo intentan, al mismo tiempo que la gente más positiva sale con «los buenos» que supuestamente están fuera del alcance. Esto mismo sucede con empleos, clientes, negocios, iglesias y todo lo demás que hay «allá afuera». Si usted ve el mundo como un lugar que Dios ha creado para usted, con cosas buenas para que usted las disfrute, verá cómo se hace realidad lo que la Biblia llama «los deseos de tu corazón»,[17] y como dice Proverbios, esos deseos cumplidos endulzarán su alma.[18]

En cambio, si cree que el mundo entero es malo y corrupto, sin más oportunidades buenas para usted, ni siquiera va a querer buscarlas y va a terminar siendo como el perezoso en Proverbios:

> Dice el perezoso: «Hay una fiera en el camino.
> ¡Por las calles un león anda suelto!».[19]

Como resultado de su negatividad, ese tipo de persona jamás sale de su entorno inmediato y nunca experimenta lo bueno de la vida.

Beck dice que la manera como pensamos de *nosotros mismos* y de *nuestro futuro* también puede afectarnos de forma negativa. Como vimos en las investigaciones de Seligman, las perspectivas negativas en esas áreas lo dejan a uno metido en una cárcel emocional. Pero recuerde, usted tiene el boleto de salida gratuita de la cárcel, pues tiene la capacidad de capturar sus pensamientos y mantenerse en libertad.

EL GIRO DE CIENTO OCHENTA GRADOS

¿Cómo se puede hacer ese cambio radical de dirección en la vida? Se empieza por *supervisar* los pensamientos, evaluarlos, clasificarlos y mantenerse alerta como los padres con sus hijos. Tenga cuidado si empieza a hacer interpretaciones catastróficas de lo que le sucede o lo que pueda sucederle en el futuro. Usted sabe de qué le estoy hablando. Cuando algo sucede o pensamos que podría suceder, y pensamos: *¡No puede ser! Esto es algo que no puedo superar, soy un perdedor.* O: *Mi mundo se va a acabar si esto sucede. Eso sería terrible. ¡No lo podría soportar!* Esa manera de pensar conduce a la depresión y la ansiedad.

Es verdad que las cosas que usted tanto teme sí podrían ser muy difíciles, pero su mundo no se va a acabar. Usted sí puede manejar la situación y salir adelante, pero si se pone a pensar de manera negativa, va a emitir profecías que se cumplen por sí solas y como resultado, no estará en capacidad de lidiar con los asuntos a medida que se presentan.

Dedique tiempo a averiguar de dónde sacó esas perspectivas de sí mismo, del mundo y del futuro. Tal vez tenga muy buenas razones para pensar como piensa. Por ejemplo, es posible que se vea a sí mismo en términos negativos debido a la injerencia de ciertas personas en su pasado. Si creció rodeado de críticas, tendrá críticas en su cabeza hasta que las identifique y reemplace con comentarios que le han sido hechos por gente positiva. Quizás vea la vida como la ve porque experimentó algún maltrato o trauma terrible en el pasado, y eso ha afectado su manera de pensar profundamente. Descubrir *por qué* piensa como lo hace es un paso importante para lograr el cambio.

Esta es una lista de lo que puede hacer para entender y cambiar su mentalidad:

- *Supervise* y observe sus pensamientos, llévelos cautivos y sométalos a obediencia.

- *Analícelos* para retener lo verdadero y rechazar lo falso.

- *Reemplace* la falsedad con la verdad de Dios.

- *Viva la verdad* con fe, sin importar cómo se sienta a veces.

- *Vaya a la raíz de sus voces internas*, descubra su origen y a quién pertenecen.

- *Libérese* de la influencia y el poder de las voces de su pasado.

- *Sincérese* con personas nuevas en su vida que lo amen y apoyen.

- *Interiorice* los mensajes nuevos de ánimo y validación que provienen de gente positiva. (La Biblia tiene mucho que decir sobre cómo debemos tratarnos unos a otros[20]).

- *Lea* la Palabra de Dios y otros materiales que le inspiren y enseñen la verdad.

- *Escuche* a maestros y comunicadores que le traigan inspiración y motivación.

- *Memorice* la Palabra de Dios para que esté todo el tiempo en su mente.

- *Viva* experiencias nuevas que refuten los viejos mensajes negativos en su mente.

¿Recuerda la historia de Josué y Caleb? Ellos, junto a diez hombres más, fueron enviados por Moisés como espías para inspeccionar la tierra prometida. Los otros diez regresaron diciendo: «De ningún modo podemos capturar esa tierra. Los enemigos son demasiado fuertes. Nos van a suceder cosas muy malas. Jamás podremos hacerlo, ni siquiera lo intentemos».

En cambio, Josué y Caleb pensaron distinto. Se acordaron de las promesas de Dios y dijeron: «Si Dios está con nosotros, estoy seguro de que podremos hacerlo».[21] Como resultado, la tierra prometida estuvo en manos de los hijos de Israel durante muchas generaciones.

Seligman intervendría para recordarnos que *no todos lo lograron*. Los pesimistas, los que se dejaron controlar por sus pensamientos negativos, no entraron a la tierra prometida porque: *Su manera de pensar se convirtió en su realidad.* Tal como nos sucede a todos. Usted tiene la capacidad de darse la vuelta y cambiar su realidad controlando sus pensamientos. ¡Su futuro depende de ello!

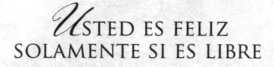

Usted es feliz solamente si es libre

Cristo nos liberó para que vivamos en libertad.
Por lo tanto, manténganse firmes
y no se sometan nuevamente al yugo de la esclavitud.

—GÁLATAS 5:1

La esclavitud es una de las metáforas más elocuentes de la Biblia. Empezó cuando los hijos de Israel fueron convertidos en esclavos en Egipto bajo el poder del faraón. Es el acontecimiento histórico que Dios usa como ejemplo para revelarnos su ley y sus propósitos para con nosotros. Moisés les dijo a los israelitas que si alguien les preguntaba de qué se trataba todo este asunto de Dios con sus reglas y leyes, dijeran simplemente: «En Egipto nosotros éramos esclavos del faraón, pero el Señor nos sacó de allá con gran despliegue de fuerza».[22] Si usted viviera en esa época, esa sería una explicación suficiente porque todos sabían que nadie salía de Egipto sin una gran ayuda. El hecho de que lograron salir de Egipto era prueba fehaciente del poder y la grandeza de Dios.

Secretos de la felicidad

PÉRDIDA DE ELECCIÓN ES PÉRDIDA DE LIBERTAD

¿Alguna vez ha sido un esclavo en Egipto? Seguro que no, si está leyendo este libro. Pero le apuesto que puede identificarse con la noción de esclavitud en algún aspecto de su vida, una área en la que necesita liberación. La esclavitud sucede cuando usted pierde su libertad de *elegir*, trátese de personas o patrones de conducta. He oído a muchos expresar de diversas maneras su pérdida de libertad:

«Queremos pasar algunos días feriados en nuestra propia casa y no tener que ir siempre a la casa de mis suegros. Me parece que nuestros hijos necesitan tener sus propios recuerdos de familia, pero tenemos que ir a la casa de los padres de mi esposo en todas las celebraciones importantes. No creo que podamos decirles jamás que no vamos a ir».

«Mi mamá no da su brazo a torcer. He buscado ayuda para mi depresión y por eso veo a un psicólogo. Parece que me ha servido, pero cuando se lo conté ella, me dijo que quiere venir a las sesiones conmigo. Le dije que necesitaba ir solo y la terapia era para mí, pero me está haciendo sentir culpable para que la lleve. No quiero llevarla, pero siento que debería. ¿Cómo le digo que no?»

«Sé que necesito romper mi relación con él, pero cada vez que lo hago me pongo muy triste y pienso en los buenos momen-

71

tos. Aunque él no me conviene y me disgusta la situación, lo extraño y lo quiero demasiado. Siempre nos reconciliamos después que terminamos. *Me resulta imposible dejarlo*, cada vez me siento peor».

«Estoy harta de ser controlada por la comida. Me obsesiono cada vez que me pongo a dieta, y me obsesiono cuando no estoy a dieta. La comida controla mi mente todo el tiempo y también mi conducta. No puedo liberarme».

«Detesto como me siento después de ver pornografía en Internet. Me siento muy mal conmigo mismo y me da miedo que alguien vaya a enterarse. Pero no puedo dejar de hacerlo».

«No sé por qué sigo tratando de ganarme la aprobación de mi padre. Sé que nunca la tendré, pero el impulso es muy fuerte. Siempre pienso que la próxima vez va a sentirse orgulloso de mí, pero no es así. Èl siempre encuentra algo malo o algo en lo que podría mejorar, y yo me siento devastado».

«Mi jefe es un patán. Nunca aprecia lo que hago, y eso que trabajo más duro que los demás. Quiere más y más rendimiento, y cuanto más duro trabajo más se aprovecha de mí. Me siento como un esclavo».

Cuando hay pérdida de libertad, también se pierde la felicidad en gran medida. En algunos casos se pierde del todo. La «indefensión aprendida» es una de las causas más clásicas y más investigadas de depresión y pesimismo. Ocurre cuando la gente siente que ninguna decisión de parte suya cambiará las cosas en absoluto.

Cuando no tenemos opciones no tenemos libertad, y eso nos deprime.

Este secreto de Dios nos dice lo mismo que confirman los investigadores: Usted fue creado para ser libre.

USTED FUE CREADO PARA SER LIBRE.

Dios no quiere que usted sea controlado por alguna persona o por alguna conducta.

> *El Señor es el Espíritu;*
> *y donde está el Espíritu del Señor,*
> *allí hay libertad.*[23]

Dios lo creó para ser libre y esa es la única forma en que usted será feliz. Si existe una área de su vida en la que haya perdido su libertad, este secreto le dice *«recupérela»*. En algunos casos, obtener y mantener su libertad implica tomar la iniciativa y actuar cuanto antes.

Hay situaciones en las que usted tiene que decir «no» a quien sea o lo que sea que lo controle, y si no es capaz de hacerlo siga leyendo para aprender cómo. Pero primero, una lista de posibles áreas en las que haya perdido el control:

- el uso de alguna sustancia (alcohol, drogas, nicotina)
- comida

- sexo

- desempeño y rendimiento (familiar, laboral, académico)

- esfuerzos para ganarse la aprobación de alguien

- esfuerzos para ganarse los afectos de alguien

- esfuerzos para ser aceptado

- obsesión con un deseo o una meta

- obsesión con el dinero

- sed de poder

- necesidad inapropiada de prestigio

- dejar que los problemas o las adicciones de otra persona lo controlen

- dejarse controlar por la conducta dañina de otra persona

- controlado por el temor

- controlado por la culpa

El mensaje es que Dios quiere que usted sea libre, y cuando la Biblia habla de controles se refiere a que seamos controlados por el Espíritu Santo[24] y tengamos dominio propio, no dominio «ajeno». De hecho, un aspecto esencial del «fruto del Espíritu» que se describe en el libro de Gálatas es la templanza o dominio propio.[25] Dios quiere que usted esté en control de todo lo que le ha dado. Tiene la responsabilidad de controlarlo y administrarlo según lo determine usted, no conforme a las exigencias de otros. Estas son algunas de las cosas que le pertenecen y que usted debe controlar, nadie más:

- tiempo
- energía
- dinero
- recursos
- talentos

- intelecto
- creencias
- valores
- deseos
- amor

- cuerpo
- decisiones
- límites

Nadie aparte de usted debería ejercer control sobre cómo utiliza o administra todo esto.

RECLAME LA LIBERTAD QUE DIOS LE DIO

Su pérdida de felicidad puede deberse en parte a su pérdida de libertad. Póngase a trabajar en la solución del problema real. ¿Cómo? Dios nos ha dado el plan:

DETENER lo que podamos controlar

Su primer paso es simplemente decir que no, con mucha firmeza. No me diga todavía: «Bueno, si pudiera lo haría, pero es que no puedo». Preste atención un momento. Yo entiendo que existen pérdidas de libertad que no se pueden controlar y ciertas cosas que realmente lo mantienen cautivo, como es el caso de una adicción.

Eso también lo vamos a tratar. Pero algunas esclavitudes son *voluntarias*.

Usted sí tiene la capacidad de alejarse de estas esclavitudes, pero se niega a hacerlo porque *ama el objeto de su esclavitud más de lo que quiere admitir*. Quiero que sepa que aquello que lo controla, sea lo que sea, lo está destruyendo. Usted sabe que a largo plazo tiene que dejar todo eso atrás, así que déjelo ya de una vez. ¿Quiere una palabra clásica para describirlo? Obediencia. Obedezca en todo aquello que ya sabe que es lo correcto, así le vendrán cosas buenas y detendrá la destrucción inminente:

Esfuérzate en obedecer. Así te irá bien.[26]

No puede seguir haciendo algo que sabe que es destructivo y esperar que las cosas salgan bien. Si juega con fuego se va a quemar, sin importar cuán positiva sea su manera de pensar. Así que déjelo ya. La mejor manera de saber si puede dejarlo es dejar de hacerlo sin más. No importa qué tenga que hacer, simplemente *pare*.

Usted ha oído a gente que dice: «Dejé de fumar. Y no volví a hacerlo», o «Decidí que él no era bueno para mí, así que le terminé», o «Eso me tenía hastiado, por eso lo dejé del todo». A veces cuando le pregunto a mi hija de cinco años por qué hace algo que no debe a sabiendas, ella dice: «Por ninguna razón. Simplemente porque quiero». Y yo le digo: «Entonces para ya de hacerlo».

ADMITIR que necesitamos ayuda

Si no puede dejarlo así no más, admítalo. Reconozca que no puede manejar la situación por su cuenta y que no tiene poder sobre lo que sea o quien sea que lo esté controlando. Admita que es un «adicto» a esa persona o cosa. Esto no significa que usted sea malo (lea la sección de «Secretos acerca de Dios» en lo referente a la culpa). Significa que Dios sabe que usted es un esclavo en Egipto que no puede liberarse por sí solo, y Él quiere ayudarlo. Simplemente admítalo. Deje de justificarse, restarle importancia o

BUSQUE A DIOS Y ÉL SE DEJARÁ ENCONTRAR.

excusarlo pensando que lo dejará en algún momento. Usted no puede por sí solo, así que mejor reconózcalo. Liberarse de las adicciones no es fácil, por eso después de admitirlo usted necesita dar dos pasos más.

1. Pídale ayuda a Dios. Busque a Dios y Él se dejará encontrar. Pídale que le de el poder para encontrar la manera de escapar y las fuerzas para hacerlo. Usted no tiene el poder, pero Él sí. Él le dará ese poder, así como lo ayudará a salir de cualquier cosa que lo controle:

> *Todo lo puedo en Cristo que me fortalece.*[27]

> *Ustedes no han sufrido ninguna tentación*
> *que no sea común al género humano.*

> *Pero Dios es fiel, y no permitirá que ustedes sean tentados*
> *más allá de lo que puedan aguantar.*
> *Más bien, cuando llegue la tentación,*
> *él les dará también una salida a fin de que puedan resistir.*[28]

2. *Pida ayuda de otras personas.* Como vimos con el ejemplo de Dave al comienzo del capítulo, Dios nos creó para necesitar a otros seres humanos. Además de conectarse con Dios, también tiene que acudir a otros para recibir amor y fortalecimiento. La Biblia nos manda ayudarnos unos a otros cuando alguien pierde su libertad y queda enredado en algo que le hace daño.[29]

Estoy seguro que ha notado cómo los alcohólicos en general no se liberan de su adicción hasta que forman parte de un grupo de recuperación, sin importar cuántas veces se prometan a sí mismos y a los demás que dejarán la bebida. Tal vez sepa de una persona adicta al sexo y el romance que no pudo liberarse de una persona o una conducta, o de una persona codependiente que no pudo liberarse de un adicto, hasta que se unió a un grupo de apoyo o habló con un consejero.

Si se encuentra en una situación que requiere ayuda, tiene que encontrar un grupo de apoyo, y tiene que ir más de una vez. Tiene que asistir hasta que sea verdaderamente libre.

ENCONTRAR la fuente

El siguiente paso es averiguar qué le está llevando a renunciar a su libertad. Siempre hay una necesidad que lo lleva a la esclavitud. Quizá esté tratando de hacer un *canje*. ¿Abrigaba la esperanza de canjear su libertad por algo que llenase el vacío en su interior? ¿Qué vacío está tratando de llenar con esa persona o esa conducta?

También puede tratarse de un *encubrimiento*. ¿Qué herida está tratando de tapar con la conducta en cuestión? ¿Qué dolor está tratando de mitigar con aquel impulso obsesivo de tener a cierta persona en particular? En algunos casos, para liberarse, va a tener que abrir su alma con un buen consejero, una persona sabia o un grupo de recuperación, a fin de llegar a la raíz de por qué perdió su libertad en cierta área. El descubrimiento sincero es el antídoto del encubrimiento.

ELEGIR LA VIDA

Dedique su tiempo y energía a todo lo que contribuya a la vida. Cada vez que usted opta por el amor, la salud y la vida, deja de necesitar aquello a lo que tenía adicción. Encuentre una comunidad edificante y buen apoyo. Descubra nuevamente sus talentos y póngalos a trabajar. Dedíquese a servir a Dios y a los demás. Cuando usted se involucra en actividades buenas, lo cual no es adictivo sino provechoso, volverá a descubrir que es libre de aquellas cosas que lo tenían esclavizado.

ENCARAR LAS EMOCIONES NEGATIVAS NOS AYUDA

Vale más llorar que reír;
pues entristece el rostro,
pero le hace bien al corazón.

—ECLESIASTÉS 7:3

Es paradójico, pero a veces para sentirnos mejor, tenemos que sentirnos peor.

Mi primer trabajo en el campo de la psicología fue como ayudante en un hospital psiquiátrico. Me tomé un año entero entre la universidad y la escuela de postgrado para estar seguro de mi llamado y de que era lo que quería hacer el resto de mi vida. Fue una experiencia de valor incalculable, pero debo admitir que al principio me tomó por sorpresa.

Yo tenía la noción de que los psicólogos y los psiquiatras hacían sentir mejor a la gente deprimida, y eso mismo esperaba que hicieran en un hospital, pero descubrí lo opuesto. Parecía que *trataban de hacer sentir peor a sus pacientes*. En las sesiones de grupo ponían a la gente a hablar de sus heridas, su dolor, sus pérdidas, el trauma del divorcio por el que acababan de pasar, la tristeza de los abusos y maltratos del pasado, el abandono que habían sufrido, la ira y la amargura que habían albergado, y demás. Los grupos no tenían charlas amenas ni alegres sino todo lo contrario, se hablaba casi todo el tiempo de dolores y tristezas.

Esa experiencia me enseñó algo. El secreto que Dios reveló a través de Salomón en el versículo citado arriba es muy cierto: el rostro entristecido le sienta bien al corazón.

Es verdad que a veces tenemos que sentirnos peor antes de poder sentirnos mejor. Tenemos que encarar el dolor que evitamos a toda costa para superar una depresión, una adicción o lo que sea que nos tenga sufriendo. Esperar nada más que un dolor desaparezca no es suficiente. Se requiere una intervención quirúrgica.

DRENE LA HERIDA

Apenas ayer, una mujer que llamó al programa radial me contó que estaba angustiada porque, según dijo, «ha pasado un año y medio desde mi divorcio, y yo sigo cayendo en picada. Me deprimo todo el tiempo y no puedo levantarme del piso. Mis sentimientos me impiden salir adelante». Y el punto decisivo: «Cualquiera pensaría que después de año y medio, yo habría superado todo esto».

Bueno, no necesariamente. El popular refrán «el tiempo lo sana todo» no es exactamente cierto. Si usted tiene un dedo infectado, lo último que quiere es darle más tiempo. Si la infección no se trata cuanto antes va a empeorar, le va a dar gangrena y tal vez hasta pierda el dedo. En cambio si despeja la herida, la drena, la limpia y le aplica un poco de medicina, sanará.

Nuestros corazones, mentes y almas funcionan exactamente igual. Cuando alguien nos ha lastimado o hemos dejado que alguien nos haga daño, necesitamos drenar esa herida para poder experimentar alivio. Si la dejamos respirar, la limpiamos y le aplicamos un poco de medicina, va a mejorar. Igual que sucede al limpiar una herida física, va a doler momentáneamente, pero a la larga bien vale la pena. Por eso es muy cierta esta declaración: «Dichosos los que lloran, porque serán consolados».[30] No necesitamos andar por todas partes repletos de toxinas físicas o emocionales que nos dañan la salud y malogran todo lo que tratamos de hacer. Por eso tenemos que sacarlas de nuestro sistema. Si no lo hacemos, van a infectar toda nuestra vida.

> SI LAS HERIDAS VIEJAS NO SE SANAN, NOS IMPEDIRÁN TENER CONFIANZA AL RELACIONARNOS CON PERSONAS NUEVAS.

Por ejemplo, si las heridas viejas no se sanan, nos impedirán tener confianza al relacionarnos con personas nuevas. La mujer que mencioné antes no estaba en libertad de considerar una relación nueva porque no se había sobrepuesto a la vieja. ¿Por qué? ¿Tal vez no había pasado suficiente tiempo? Realmente, no. Un año y medio debería ser suficiente para por lo menos salir a la superficie. Haciéndole más preguntas descubrí que el problema era que ella había evitado tratar su dolor. Acudió a seis sesiones de recuperación para divorciados en su iglesia pero dijo que no le gustó el grupo. Intentó una consejería pero también dejó de ir. Me insistía en que había leído unos libros pero que tampoco le habían servido.

Yo le contesté que leer los libros era bueno, pero *hacer lo que decían los libros era mucho más importante*. Conocía los libros que me mencionó y sabía que recomendaban iniciar un proceso de restauración con personas de confianza y enfrentarse al dolor con el apoyo de otros. Si ella lo hacía, como la reté a hacerlo, se iba a sobreponer. De lo contrario, seguiría en las mismas.

Detesto deprimirle, pero esto también se aplica a su caso. Y en realidad es una buena noticia. Su dolor no tiene por qué abrumarlo ni llevarlo a darse por vencido. Usted solamente tiene que decidirse a enfrentarlo. Encuentre un amigo de confianza, un grupo de apoyo o un ministerio de recuperación. De ser necesario, empiece su propio grupo de apoyo y encuentre buenos materiales de guía. Si lo necesita, encuentre un buen consejero profesional. Escribir sus sentimientos en un diario también puede ser un buen canal expresivo, pero asegúrese de afrontarlos en el contexto de su relación con otras personas.

SAQUE LA BASURA

Sería muy conveniente si todo lo que tuviéramos que confrontar fueran las heridas que otros nos han infligido, ya que seríamos víctimas y nada más. Así la gente se compadecería de nosotros y no tendríamos que preocuparnos por alguna responsabilidad en el asunto. No que las heridas fueran buenas, pero al menos no serían nuestra culpa. Por supuesto, encontrar la felicidad consiste en mucho más que eso. No tenemos solamente que sanar nuestras heridas, también tenemos que sacar la basura.

Todos tenemos algo destructivo en nuestro interior que no es precisamente el daño causado por otros, sino nuestro propio lado oscuro. Todos los sistemas religiosos, filosóficos y psicológicos reconocen lo mismo: los seres humanos tenemos un lado oscuro. Podemos debatir hasta el final de los tiempos sobre cuál es su procedencia, pero nadie puede negar que existe. Como se lo dirá cualquier psicólogo que se respete, si no lidia con eso, jamás será feliz. Aquí es donde los secretos de Dios resplandecen por encima de cualquier sistema de pensamiento en el universo. Dios lo dice con gran sencillez pero con la mayor eficacia: «Confiéselo, reciba perdón por ello, y reanude la jornada». Él quiere que seamos limpios, para que tengamos relaciones limpias y libres de toda la disfunción ocasionada por nuestra oscuridad.

Ahora le pregunto, ¿quisiera salir en uno de esos programas de televisión donde la gente expone toda su ropa sucia? Hay que reconocer que en nuestros peores momentos cualquiera de nosotros podría salir en un episodio del programa de Jerry Springer, pero así no es como queremos vivir, gobernados por nuestros sentimientos y motivos más bajos. Por ejemplo, la envidia arruina amistades.

Los celos dividen matrimonios y familias. La lujuria destruye vidas, relaciones y oportunidades para encontrar el amor de verdad y la realización personal. El sarcasmo aleja a cualquiera. Este lado oscuro es la materia prima que explotan esos programas burdos e irreverentes. No deje que esas cosas crezcan en su interior. Su corazón es un huerto y usted tiene que arrancarle las malezas todo el tiempo. Esto es lo que Jesús dijo en cuanto a este secreto:

> *Lo que sale de la persona es lo que la contamina.*
> *Porque de adentro, del corazón humano, salen los malos pensamientos,*
> *la inmoralidad sexual, los robos, los homicidios, los adulterios,*
> *la avaricia, la maldad, el engaño, el libertinaje,*
> *la envidia, la calumnia, la arrogancia y la necedad.*
> *Todos estos males vienen de adentro y contaminan a la persona.*[31]

Cada vez que tengamos pensamientos y sentimientos de este tipo, como nos sucede a todos, necesitamos confesarlos a Dios y a una persona de confianza, para exponerlos a la luz. Es la única manera en que seremos limpiados de ellos. Preste atención a la enseñanza del apóstol Juan sobre este punto:

> *Si vivimos en la luz, así como [Dios] está en la luz,*
> *tenemos comunión unos con otros,*
> *y la sangre de su Hijo Jesucristo nos limpia de todo pecado.*
> *Si afirmamos que no tenemos pecado,*
> *nos engañamos a nosotros mismos y no tenemos la verdad.*

Si confesamos nuestros pecados,
Dios, que es fiel y justo, nos los perdonará
y nos limpiará de toda maldad.[32]

Cuando sacamos todo ese material tóxico de las tinieblas a la luz, delante de Dios y los demás, somos limpiados y purificados. ¡No se sienta mal! Todos tenemos sentimientos y pensamientos pecaminosos, pero se vuelven destructivos solamente si no los sometemos a limpieza mediante la confesión. Si no lidiamos con nuestros pecados, terminamos proyectándolos en los demás por medio de prejuicios, desconfianza, peleas o cualquier otra salida en falso. Aunque no la emprendamos contra los demás, vamos a proceder de alguna forma indebida.

Las malezas que dejamos crecer en nuestro interior podrían ser cortadas y arrancadas de raíz si tan solo las enfrentamos y dejamos que Dios haga su obra de perdón y limpieza. La idea no es ignorarlas ni actuar según nos lo dicten, sino confesarlas sin reservas para librarnos de su influencia.

Todo aquello que no sacamos a la luz, cada cosa que mantenemos en la oscuridad, termina por controlarnos. Esa es la razón por la que son tan eficaces los grupos de ayuda como alcohólicos anónimos con sus doce pasos, porque ayudan a la gente a dejar de actuar según lo dictan sus hábitos. En el cuarto paso ellos tienen que lidiar con los secretos oscuros que llevan por dentro. El inventario moral que deben hacer con mucha valentía y honradez los ayuda a limpiar todo lo dañino, y así es como la luz del perdón puede alumbrar cada aspecto de su vida. Además lo hacen con regularidad, y eso es buena medicina como lo confirman la ciencia y la Palabra de Dios.

Los siguientes consejos le ayudarán a hacer esto realidad en su vida:

1. Identifique y reconozca sus sentimientos y motivos más oscuros.

2. Admita que todo eso es destructivo.

3. Confiésese con Dios y una persona de confianza, y pida el perdón de Dios. (Es suyo, disfrútelo).

4. Pídale a Dios que quite estas cosas de su corazón.

5. Apártese de ellas y no las fomente en pensamiento ni obra.

No hace mucho, me dirigí a una congregación grande que tenía un programa de recuperación centrado en Cristo. Al terminar mi intervención, un hombre me tocó el hombro y dijo: «¿Se acuerda de mí?». Necesité un minuto, pero por fin pude reconocer a Dave. ¿Lo recuerda? El hombre cuya experiencia relaté en el capítulo anterior, aquel que se había desconectado de todas las personas que lo querían cuando su negocio entró en crisis. Pues bien, ahí estaba frente a mí después de diez largos años que ni siquiera se le notaban. De hecho, se veía exactamente igual que diez años atrás, cuando llegó a mi consultorio durante su crisis.

Después de saludarnos, me contó su historia. Como decidió en aquel tiempo no someterse a consejería, había perdido a su esposa, su familia y se volvió adicto a la cocaína. A pesar de verse igual después de todos esos años, dijo que su vida había cambiado del todo y que Dios lo había restaurado por completo. ¿La razón? Había aprendido a drenar sus heridas y sacar su basura por medio del programa de recuperación de su iglesia. Dave pasó unos años difíciles, pero ahora estaba tomando decisiones que lo encamina-ban en la dirección correcta. Estaba hallándole nuevo sentido a la vida, tenía un propósito, amistades reales y sentía una dicha pro-funda.

EL PERDÓN LO HARÁ LIBRE

Hace poco hablé con una mujer que ha estado divorciada muchos años. A estas alturas ya debería ir camino a una vida nueva y sa-tisfactoria, pero se la pasaba hablando de los males que le había hecho su ex marido. Su yugo era evidente. No podía soltar el pa-sado y seguía atascada en lo mismo: «No puedo creer que me haya hecho eso. Es que él debió haber...». Con frecuencia escucho lo mismo por parte de hijos adultos que han quedado atascados en problemas emocionales por décadas y siguen culpando a sus pa-dres de sus propias malas acciones.

Es esencial que usted hable de lo que otras personas le hayan hecho para alcanzar sanación. No pretendo que lo niegue. Procese el dolor y cuente con la comprensión de las personas que quieren ayudarlo a sanarse. Pero en algún punto, *si usted no puede soltar el asunto y perdonar, seguirá atado a las personas que le hicieron daño.* Mientras guarde rencor, ellos seguirán ejerciendo poder sobre su vida y no se liberará de lo que le hicieron. Tal vez piense que los está castigando, pero la única víctima sigue siendo usted. Ellos no sienten su dolor.

Cuando nos aferramos a la falta de perdón o la amargura, arrastramos la basura vieja a cada nueva relación y situación. Imagínese que usted se muda a una casa nueva, trae toda la basura de la casa anterior y la bota en la sala. Nadie haría algo así, pero lo hacemos todos los días en las relaciones personales y en la vida. La amargura que sentimos con respecto a alguien del pasado la enfocamos en otra persona del presente, o profundizamos una herida vieja con el trato que le damos hoy a esa misma persona. Como resultado, la energía que necesitamos para la vida nueva y buena que tenemos a disposición, se pierde lamiendo heridas y alimentando rencores. No hemos renunciado al rencor, así que no hay espacio disponible para crecer y ni siquiera podemos ver el futuro con claridad.

SI USTED NO PUEDE SOLTAR EL ASUNTO Y PERDONAR, SEGUIRÁ ATADO A LAS PERSONAS QUE LE HICIERON DAÑO.

¿Por qué querríamos arrastrar toda una vida las cosas malas

que alguien nos hizo en un momento dado? Perdone, así es como lo malo perderá su poder. El perdón es lo único que va a liberarlo.

Záfese. Suéltelo. Es la mejor medicina. Como lo dice la Biblia:

> Sean tolerantes los unos con los otros,
> y si alguien tiene alguna queja contra otro, perdónense,
> así como el Señor los ha perdonado a ustedes.[33]

El perdón es uno de los ingredientes más importantes de la felicidad. Si usted no puede soltar cosas dañinas, van a contaminar su alma. Perdonar significa simplemente «cancelar la deuda». Cuando usted perdona de verdad, la otra persona ya no le debe nada, así que no hay ninguna razón válida para amargarse la vida y quedarse anquilosado en un enojo perenne. El asunto queda resuelto para siempre. Punto final.

Conozco muchas personas que han sufrido maltrato terrible, abandono, abuso, traición y demás, que ahora tienen vidas maravillosas y satisfactorias, porque *han perdonado a quienes les hicieron daño*. Los que cometieron el abuso ya no tienen *ningún poder* sobre ellos. También conozco a muchos que han sufrido los mismos padecimientos y no han perdonado, y ellos siguen atascados, incluso varias décadas después, sin estar dispuestos a olvidar la deuda y dejar el asunto en el pasado. Piensan que perdonar significa cederle poder a la otra persona y dejarla salirse con la suya. En realidad, la otra persona no sufre a causa del rencor, la persona rencorosa es la única que sufre. Recuerde que la falta de perdón hiere únicamente al que no perdona.

EL SUFRIMIENTO PUEDE SER BUENO, SI ES DEL BUENO

Todo este asunto de «encarar las emociones negativas» puede ser muy arduo y doloroso. No es fácil enfrentar nuestro dolor, nuestra maldad y nuestra falta de perdón. No es ningún paseo. Aunque nos duela tratar nuestras heridas, también esto produce sanación. En este sentido, el sufrimiento puede ser algo bueno.

Ahora bien, no quiero decir con eso que el sufrimiento *mismo* sea bueno para usted. Hay cosas malas que suceden y no son buenas en lo absoluto. Si usted recibió maltrato de cualquier tipo, eso de ninguna manera fue bueno. Dios siente su dolor como consecuencia de aquello que le hirió profundamente. Aquí estamos hablando de algo distinto: *encarar lo que ya está dentro de usted.*

El sufrimiento que sana no es como el dolor original. *Es un sufrimiento de otra clase.* Si usted pasa por una experiencia y queda herido, eso es inevitable. Pero si sufre de la manera correcta, es decir, si experimenta el segundo sufrimiento que sana, es porque está enfrentando su dolor para superarlo. El suceso que le hirió es el primer sufrimiento. El tratamiento del dolor que el suceso le causó es el segundo sufrimiento. Ese es el sufrimiento que sana, y es el que le permite parar de sufrir. Este sufrimiento intencional es la única clase de dolor que pone fin al dolor. La congoja, la confesión y el perdón duelen tanto como la extracción de un diente. Pero, como un tratamiento doloroso, remueven por completo la infección y el dolor, y usted queda mucho más sano y fuerte después del procedimiento.

Todo el mundo sufre, algunos mucho más que otros, debido a las cosas horrendas que suceden. No vaya a añadir más a su dolor evitando el sufrimiento que sana, pues este puede ponerle punto final al dolor del pasado.

UNA VIDA BUENA NO DEPENDE DE CIRCUNSTANCIAS POSITIVAS

He aprendido a estar satisfecho
en cualquier situación en que me encuentre.

—FILIPENSES 4:11

En la Biblia leemos historias asombrosas de personas como el apóstol Pablo, quien desde la prisión alabó a Dios y escribió cartas sobre el gozo. Esto es muy admirable, pero para que Dios sea una presencia real en nuestras vidas necesitamos ver evidencias con las que podamos identificarnos en la actualidad. Gracias a Dios, las tenemos en abundancia. Como psicólogo, tengo que acompañar a las personas en los momentos más difíciles de su vida, y he visto una y otra vez que Dios sale al encuentro de la gente en lo más profundo del dolor. Cuando las cosas se ponen más duras, Él les da paz y sustento.

Realmente es cierto que la felicidad es el resultado de lo que usted cree y hace, no de lo que le suceda. Si usted entiende esto, podrá tener una vida dichosa.

LA VIDA SOBRE LA ROCA

La mayoría de la gente piensa que será feliz si las cosas salen bien o si sucede esto y aquello: «Si tan solo pudiera conseguir aquel trabajo, o esa persona, o esa casa, o hacer que me funcione esta relación». Su bienestar depende de lo que les sucede y de sus circunstancias, y cuando suceden cosas buenas están felices... por el momento. Pero como no tienen felicidad propia en su interior, pierden su dicha pasajera tan pronto algo les sale mal. Es como navegar en el océano sin brújula, ancla ni muelle. Mientras no haya olas y el sol brille, el día es estupendo. De lo contrario, puede ocurrir el peor temporal.

¿Quiere saber el secreto de tener una vida estable que no depende del mercado de acciones, de su familia voluble, de su jefe exigente o de si logra cerrar aquella venta o iniciar la relación por la que tanto ha suspirado? Así es como Jesús describió este secreto:

> Por tanto, todo el que oye estas palabras y las pone en práctica es como un hombre prudente que construyó su casa sobre la roca. Cayeron las lluvias, crecieron los ríos, y soplaron los vientos y azotaron aquella casa; con todo, la casa no se derrumbó porque estaba cimentada sobre la roca. Pero todo el que oye estas palabras y no las pone en práctica es como un hombre insensato que construyó su casa sobre la arena. Cayeron las lluvias, crecieron los ríos, y soplaron los vientos y azotaron aquella casa, y ésta se derrumbó, y grande fue su ruina.[34]

Si nuestros cimientos se fundan en Cristo y sus palabras, habiéndolas *puesto en práctica* como Él lo dice aquí, no importa qué

nos salga al encuentro día tras día, podemos superar cada obstáculo y seguir adelante. Nuestra felicidad no está basada en lo que
nos sucede sino en *quién* creemos y qué hacemos.

SUPERACIÓN DE OBSTÁCULOS EN LA VIDA REAL

Aquí no se trata de hacernos ilusiones o negar las cosas que hacen
daño en la vida. Créame, yo como psicólogo jamás le recomenda-
ría negar el dolor propio de la vida. Lo que le estoy diciendo es que
si construye su vida sobre la base de una relación firme con Dios y
pone sus secretos en práctica, puede disfrutar gozo y paz, aunque
las cosas no se den como usted quisiera. Eso es vivir una *vida realmente victoriosa* en el mundo real. Usted puede ser uno de esos que
vive en la cumbre y supera todos los obstáculos de la vida. Estas
son algunas de las cosas que Dios hará para ayudarlo a *elevarse* por
encima de todo:

- *Le dará poder y fortaleza sobrenatural* cuando las circunstancias sean más difíciles de lo que usted puede manejar.
  Cuente con Él y pídale su apoyo en cada momento.

- *Le dará pruebas de su presencia* en tiempos difíciles. Sentirá
  que Él está junto a usted.

- *Le mostrará que tiene un propósito más grande* para usted y
  su vida que cualquier cosa que esté experimentando y que
  su vida es un libro largo que va más allá del capítulo en
  que está ahora mismo.

- *Brindará el bien hasta de lo peor* que pueda acaecer.

- *Lo protegerá y preservará,* incluso cuando le sucedan cosas malas. Él lo cuidará.

- *Lo llenará de su amor y paz* en medio de la tribulación.

- *Le guiará a las respuestas que necesita* para cualquier problema que esté pasando.

- *Intervendrá y cambiará la situación,* a veces de forma sobrenatural, y lo librará.

- *Hará crecer en usted valores y gustos nuevos* que no dependen de las circunstancias. Las cosas de importancia para usted serán eternas, como el amor de Dios y el amor de su comunidad espiritual, su familia y sus amigos.

- *Le hablará sobrenaturalmente a través de su Palabra* para animarlo y guiarlo.

- *Abrirá nuevas puertas y cerrará las viejas.* Con Dios siempre hay un mañana.

Me encanta la metáfora de Jesús de construir una casa sobre una «roca». Yo vivo en el sur de California, si usted ha visto CNN o los noticieros de cobertura nacional en los últimos años, quizá haya visto mansiones hermosas con vista al mar y valoradas en millones de dólares, cayendo por las laderas y convertidas en escombros. Puesto que pierden todo su valor y son declaradas pérdida total, siempre siento pesar por sus propietarios, ya que en casi todos los casos no pueden recuperar su inversión y tienen que empezar de cero.

Pero hay otras casas que no se deslizan con las tormentas. Como Jesús dijo, esas son las casas construidas sobre el cimiento firme y sólido de la roca. Cuando caen las lluvias y soplan los vientos, el cimiento no se mueve y las casas no se derrumban sino que resisten el embate *en medio de la tormenta*. A esos propietarios no les exigen evacuar y viven en paz, tranquilos y seguros.

Así es exactamente como Dios quiere que vivamos por dentro. Cimentados en Él, con fe y confianza, con relaciones estrechas en nuestra

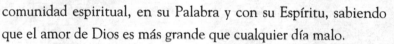

EL AMOR DE DIOS ES MÁS GRANDE QUE CUALQUIER DÍA MALO.

comunidad espiritual, en su Palabra y con su Espíritu, sabiendo que el amor de Dios es más grande que cualquier día malo.

POR AHÍ PASÉ, YA LO SUPERÉ

Uno de los distintivos de la gente madura es que no tienen que volver a aprender la misma lección una y otra vez. «Por ahí pasé, ya lo superé», es una frase que dicen con frecuencia los sabios cuando se les presenta una situación que se niegan a vivir de nuevo. Pasaron por algo similar y aprendieron la lección, así que no tienen por qué repetirla.

En cambio, la gente inmadura no aprende sino que repite. Y la razón fundamental de esa repetición es su manera de enfrentar circunstancias difíciles. Tienden a ver cada dificultad como una intrusión injusta en la vida feliz que se merecen por el simple hecho de existir. Se enojan, culpan a los demás y se amargan cuando las cosas no salen como ellos quieren. Se enfurecen con cualquiera: el jefe, el mercado, Dios o la vida misma. Pero lo último que hacen es preguntarse: *¿Qué puedo aprender de eso? ¿Cómo puedo crecer a través de esta dificultad? ¿Qué necesito hacer para mejorar la situación?* Si fueran capaces de hacerlo, su percance no sería una pérdida total, y la próxima vez que les salga al encuentro ese tipo de persona o situación, sabrían mantener la distancia o manejar la situación de mejor manera. Incluso podrían darle una solución definitiva.

Dios nos da sabiduría y una perspectiva grandiosa sobre cómo manejar cada situación difícil:

Hermanos míos, considérense muy dichosos
cuando tengan que enfrentarse con diversas pruebas,
pues ya saben que la prueba de su fe produce constancia.
Y la constancia debe llevar a feliz término la obra,
para que sean perfectos e íntegros, sin que les falte nada.
Si a alguno de ustedes le falta sabiduría,
pídasela a Dios, y él se la dará, pues Dios
da a todos generosamente sin menospreciar a nadie.[35]

Ahí lo tiene: aprenda a resistir la prueba hasta el final, sin protestar que la vida sea injusta. Al fin y al cabo, ¿quién dijo que la vida tenía que ser justa? Las pruebas y los contratiempos son inevitables. Quejarnos por eso es como gritarle a la fuerza de la gravedad que no nos gusta. Son parte de la vida, así que cuando vengan las dificultades, ármese de fe y, como dice el pasaje citado, permita «llevar a feliz término la obra», para que usted salga ileso e íntegro, sin que le falte nada. Pídale sabiduría a Dios, sabiendo que a Él le gusta ayudar sin echárselo en cara.

Por ejemplo, las parejas que manejan las dificultades de este modo, no se precipitan a divorciarse para luego repetir los mismos errores en otra relación. Perseveran y aprenden la lección de las pruebas que pasan. Así es como se convierten en personas más íntegras y maduras que pueden establecer una relación todavía mejor, porque Dios les ha enseñado lo que necesitan saber. Pero si uno de ellos no está dispuesto a resistir la prueba y el matrimonio sucumbe, por lo menos el que aprendió a través del proceso estará en capacidad de tomar una mejor decisión la próxima vez, en lugar de repetir el mismo patrón engañoso.

Esto también es cierto en los negocios. De hecho, los buenos líderes hasta colocan a sus empleados en situaciones que los retan más allá de sus capacidades para ponerlos a prueba y hacerlos crecer. Como resultado de esas experiencias duras, sus empleados mejoran en rendimiento y carácter, y la empresa tiene la capacidad de avanzar en la industria y enfrentar retos mayores. ¿Qué pasa con los que no aprenden a superar los retos? Por lo general les dan la oportunidad de ser exitosos en otra empresa (es decir, son despedidos), donde repetirán sus errores con otro jefe al que puedan echarle la culpa. Casi siempre, el jefe inicial se los pasa con mucho gusto a la competencia.

Este secreto de la felicidad nos dice que aunque las cosas no vayan por buen camino, hay lecciones valiosas que aprender. Pero usted tiene que saber buscarlas. Pregúntese entonces: *¿Qué quiere enseñarme Dios en medio de esta prueba? ¿Cómo puedo usarla para convertirme en una persona mejor en lugar de dejarme amargar por eso? ¿Qué cambios necesito hacer en mí como resultado de esta dificultad?* Ese es el lenguaje que oímos de las personas que describimos como «felices». Incluso en los tiempos más difíciles.

Usted no fue creado para vivir aislado, pero a veces nuestra conducta y actitudes alejan a las personas que nos pueden beneficiar o atraen a las que no nos convienen. Quedamos atascados en ciertos patrones de interacción y pensamos que son normales o imposibles de cambiar. Pero sí podemos. Cuando usted active los secretos de Dios en su vida, descubrirá un nuevo nivel de seguridad y confianza, relaciones más profundas y la realización que tanto anhela.

Dios le tiene reservados algunos secretos para relacionarse con el tipo correcto de personas. En las páginas siguientes aprenderá algunos principios para lograrlo y para tener relaciones que funcionen de manera óptima.

LAS BUENAS RELACIONES RESULTAN DE TENER LO QUE SE REQUIERE PARA PRODUCIRLAS

*Traten a los demás tal y
como quieren que ellos los traten a ustedes.*

—LUCAS 6:31

Un pastor que aconsejaba a cierta pareja, les dio el siguiente diagnóstico: «El problema de ustedes es que quieren una relación tipo "diez", pero entre ambos apenas llegan al "cinco"».

Ay, ay, ay. Qué pinchazo. Claro que a mí como psicólogo, me encanta. Entiendo exactamente lo que les estaba diciendo. Nunca tendrían el tipo de relación al que tanto aspiraban si no adquirían las habilidades necesarias para establecerla y mantenerla. Sencillamente no se puede. Ningún futbolista puede ganarse la copa del mundo si no sabe cómo atajar, avanzar y hacer pases.

Me recuerdan una pareja con la que estuve trabajando. La mujer tenía unos treinta y cinco años y quería dejar a su esposo debido a un conflicto habitual que tenían. El hombre tenía ciertos problemas que la molestaban a ella, aunque se estaba esforzando en cambiar. Obviamente no era perfecto, y algunas de las quejas de ella eran válidas.

Sin embargo, ella se había desentendido por completo de su propia contribución a los problemas de pareja con sus actitudes y conductas. Era sarcástica y mordaz en sus comentarios acerca de él, y no reconocía ninguna mejoría por parte de su esposo pues lo veía «mal en todo sentido». Al mismo tiempo, estaba aferrada a la noción fantasiosa de que si tan solo pudiera divorciarse y empezar de nuevo con otro, todo iría de maravilla. Pensaba que su único error era haberse casado con él, y que si encontraba a «la persona adecuada» sería el cielo en la tierra. Estaba segura de que una nueva relación era justo lo que necesitaba.

Finalmente tuve que decírselo:

«El único problema de una relación nueva es que *usted* sería parte de ella. No veo cómo podría ser el cielo en la tierra, sin importar qué esposo perfecto encuentre».

«¿Qué?», me dijo petrificada.

«Usted cree que tendría una buena relación si "encontrara a alguien nuevo". Yo le estoy diciendo que no posee las habilidades para tener una buena relación, sin importar con quién trate de iniciarla. Por eso me parece que le vendría mejor quedarse ahí mismo donde está y aprender a tener una relación madura con su esposo actual. Hasta que lo haga, será incapaz de tener una relación edificante con *nadie*».

Sobra decir que tuvimos mucho de qué hablar después de eso. Le dije que para contemplar la posibilidad de dejar a su esposo, debería ser por las razones que Dios define, y todas suponen que uno de los cónyuges sea víctima inocente de una traición. Así que más le valía superar sus propias deficiencias y poner todo de su parte antes de definir su frustración como «culpa de él y de nadie más». Es cierto que existen situaciones justificables, pero esta no era una de ellas.

Solamente podemos relacionarnos al nivel de nuestra propia capacidad. Por eso, si queremos disfrutar grandes beneficios como amor, seguridad y crecimiento personal, tenemos que convertirnos en personas capaces de cultivar amor, proveer seguridad y fomentar crecimiento. Cuando lo seamos, podremos tener las relaciones que queremos. En tanto que no lo seamos, las mejores relaciones nos eludirán.

SOLAMENTE PODEMOS RELACIONARNOS AL NIVEL DE NUESTRA PROPIA CAPACIDAD.

Este es el problema más gordo en el mundo de las citas románticas. Yo veo gente por todas partes buscando al «amor de su vida».

Toda su energía está enfocada en la persona que están buscando, no en la persona en que ellos se están convirtiendo. Como veremos en el próximo secreto, ambas tienen un vínculo estrecho. El problema es que aunque encuentren al amor de su vida, nunca serían capaces de desarrollar una verdadera relación con esa persona sin tener las habilidades necesarias. No obstante, son muchos los que viven en pos de la fantasía del amor a primera vista al estilo Hollywood. ¿Usted cree en eso? De ser así, le tengo una tarea.

Vaya al supermercado y examine el estante de revistas. Mire las portadas y verá en varias las fotos de las últimas parejitas de Hollywood, con titulares que aclaman: «¡Fulanito y fulanita encuentran el amor verdadero!». Los artículos describen con entusiasmo y muchos detalles cómo es que los enamorados encontraron «su alma gemela». Grandioso. Que viva la fantasía... hasta que usted haya completado su tarea. Regrese al supermercado unos seis u ocho meses más tarde y busque las mismas revistas. Allí verá por qué es verdad este secreto. Las historias de la cubierta dirán: «¡La separación! Lo que sucedió realmente... Las amistades lo cuentan todo».

Las almas gemelas tampoco pudieron lograrlo esta vez, y la razón siempre es la misma: las relaciones fallan cuando las habilidades requeridas para hacerlas funcionar no están presentes en uno o en ambos de los protagonistas. No existe el amor instantáneo y *duradero* tipo Hollywood. El amor que vale la pena perdura porque existe entre dos personas que tienen las habilidades necesarias para hacerlo crecer y mantenerlo. Si una pareja adquiere esas habilidades, podrá tener una buena relación. Hasta que no lo hagan, las historias de las revistas siempre serán acerca del rompimiento más reciente y la próxima alma gemela en la lista de posibles candidatos. Los titulares se repetirán una y otra vez con nombres diferentes, pero siguiendo el mismo patrón.

Por eso el secreto aquí es: cuando uno posee las habilidades para producir amor verdadero, lo encontrará.

LA REGLA DE ORO

Tal vez haya escuchado acerca de la regla de oro, y me atrevo a pensar que se llama así porque si uno la sigue, puede elevarle la vida al más alto nivel. Jesús es quien la enseñó, y así es como dice:

> *Traten a los demás tal y como quieren que ellos*
> *los traten a ustedes.*[1]

Suena sencillo, pero esta máxima puede revolucionar matrimonios, amistades, relaciones de trabajo y vínculos familiares. Cualquier tipo de relación en mal estado obtendrá cambios drásticos cuando se cumple esta regla día tras día. En cualquier relación existen dos personas, y *usted* es la única sobre la cual tiene algún control. Así que si quiere tener buenas relaciones personales, no busque solamente a «la gente correcta», aunque más ade-

TIENE QUE SER LA PRIMERA PERSONA EN TRAER A LA MESA LAS HABILIDADES IMPORTANTES DE AMOR, BONDAD, PERDÓN, FIDELIDAD, HONESTIDAD, ACEPTACIÓN, AUTENTICIDAD Y OTRAS VIRTUDES IMPORTANTES.

lante veremos que eso también es importante, más bien procure tener las habilidades que producen el tipo de relación que quiere. Empiece por tratar a la otra persona como quiere ser tratado.

Hay ciertas cosas que usted debe aportar si espera tener buenas relaciones personales. Tiene que ser la primera persona en traer a la mesa las habilidades importantes de amor, bondad, perdón, fidelidad, honestidad, aceptación, autenticidad y otras virtudes importantes. De lo contrario, será un «cinco» con ganas de tener una relación tipo «diez». O encontrará un diez y la otra persona bajará de nivel. El amor de verdad se ofrece primero.

DEVUELVA MEJOR DE LO QUE RECIBE

Uno de mis versículos favoritos en la Biblia nos da una fórmula para mejorar cualquier relación mala y mantener una buena en el mismo estado:

No te dejes vencer por el mal;
al contrario, vence el mal con el bien.[2]

Por eso, dé algo *mejor* de lo que recibe. Imagine si dos personas en una relación vivieran conforme a esta regla. Piénselo de este modo: Cuando dos personas se enamoran y se casan, o deciden ser amigos, lo hacen por buenas razones. Nadie ha dicho nunca: «Te amo porque eres todo un patán. ¡Cásate conmigo!». (A no ser que tenga problemas más graves que este libro no le puede ayudar a resolver). La mayoría de las relaciones se forman porque las personas se tratan bien y se satisfacen mutuamente. Hasta que...

Uno de ellos tiene un mal día y dice algo con sarcasmo. El otro se lastima y da una respuesta poco menos que amable. Entonces el primero se aparta, y así sucesivamente. En otras palabras, la relación es buena hasta que uno de ellos aporta algo de menor calidad a la relación. Así es como el otro devuelve algo mediocre y ambos van cuesta abajo.

Ahora bien, todos hacemos eso. Pero la persona que aprende a devolver mejor de lo que recibe le dará vuelta rápidamente a la situación tragándose su orgullo o viendo su falta de paciencia o mal temperamento, y tomando la iniciativa para decirle a la otra persona: «Lo siento. Es que soy un malcriado. Perdóname». Entonces la relación se recupera y vuelve en ascenso porque se ha puesto freno al declive. Vemos cómo funciona este principio bíblico en la superación de un achaque físico con buenos hábitos de salud. Lo mismo sucede cuando en vez de tratar un problema creamos otro problema, en vez de buscar una buena resolución.

En cambio, hay otras relaciones en las que una persona hace sacar a relucir lo peor de la otra persona. La disfunción de una persona saca a flote la disfunción que hay en la otra y todo se va para abajo, por el camino errado del fracaso. Como nadie puede elevarse por encima del declive, no se puede contrarrestar la tendencia al descenso.

Dar algo mejor de lo que uno recibe también significa que cuando alguien nos falla, damos a esa persona lo que *uno mismo* necesita cuando no está dando lo mejor de sí: comprensión y ayuda. A veces usted necesita un trato bondadoso y comprensivo, así como ser aceptado en ese momento específico. A veces uno necesita que lo confronten con firmeza y franqueza, pero sin importar qué necesite, siempre tiene que ser algo *bueno*, jamás malo. *Usted necesita algo que lo ayude cuando está en su peor momento, no algo que le haga más daño. Usted necesita apoyo.* Necesita que le digan: «Oh, cuánto lamento que las cosas estén mal»; en vez de: «Ten cuidado con lo que dices».

Devuelva bien por mal, y verá que no habrá peleas o por lo menos, estas no durarán mucho. Opte por redimir y servir a la otra persona. Ofrézcase como Dios lo hizo por nosotros cuando se puso a nuestro nivel y sufrió de forma inocente al tomar nuestro lugar, tratando de elevarnos a su nivel. Su ser querido necesita lo mismo de su parte, y usted necesita ofrecerlo para que la relación mejore y se mantenga saludable. Si quiere que su relación crezca y madure, devuelva algo mucho mejor de lo que recibe.

ANTES DE HABLAR...

Por eso antes de hablar, asegúrese de saturar su lenguaje de amor, practicando la regla de oro y devolviendo algo mucho mejor de lo que recibe. Recuerde que todo lo que usted dice edifica el amor o lo destruye. Como nos lo dice el libro de Proverbios:

> *En la lengua hay poder de vida y muerte;*
> *quienes la aman comerán de su fruto.*[3]

Usted se comerá el fruto de lo que diga y haga en sus relaciones, día tras día y año tras año. Desarrolle las habilidades para decir las cosas que producen amor, y verá que disfrutará del más delicioso amor.

USTED ATRAE EL TIPO DE RELACIONES QUE SE LE ACOPLAN

Al pecador lo persigue el mal,
y al justo lo recompensa el bien.

—PROVERBIOS 13:21

«No lo entiendo. Puedo estar en un estadio lleno de cincuenta mil personas y de algún modo voy a enamorarme del único alcohólico en la multitud. Nunca me falla. Los atraigo como polillas a la luz».

«Si hubiera un solo manipulador en todo el país, yo lo encontraría y creería que no puedo vivir sin él».

«Siempre termino trabajando para patanes. Me da la impresión de que si un patán me ofrece trabajo, yo pienso automáticamente que es el mejor trabajo del mundo... hasta que llevo seis meses con él».

«Soy experta en encontrar perdedores. ¿Qué es lo que tanto les atrae de mí?»

«¿Por qué todas las mujeres que me atraen son tan pedigüeñas e inseguras?»

«Me la paso iniciando a cada rato la misma relación, lo único que cambia es el nombre de la persona».

¿Sabe qué me encanta de estas afirmaciones? Que cada vez que las oigo, no importa que se trate de relaciones de noviazgo, amistad, negocios o comunidad, sé que quienes las hacen están a punto de emprender el camino hacia mejores relaciones. ¿Por qué? Porque por fin están viendo que las personas que encuentran no son el problema al fin de cuentas. Más bien, están viendo que *ellos* mismos son el problema, o al menos una gran parte del problema.

Se están dando cuenta de que el problema real es que su propio «dispositivo seleccionador de gente» está averiado.

Se la pasan eligiendo a personas que van a hacerles daño, decepcionarlos o no convenirles en algún sentido. Además, por fin se están dando cuenta de que no es accidental que el mismo tipo de personas aparezcan en sus vidas, que ellos mismos tienen mucho que ver con esos encuentros y con la atracción mutua que sienten. Cada vez que oigo a una persona admitir eso, sé que solo es cuestión de tiempo para que le pongan punto final al círculo vicioso. Tan pronto lo notan, no encuentran más razones para continuarlo y deciden cambiarlo. Usted puede hacer lo mismo.

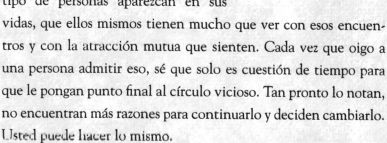

SE ESTÁN DANDO CUENTA DE QUE EL PROBLEMA REAL ES QUE SU PROPIO «DISPOSITIVO SELECCIONADOR DE GENTE» ESTÁ AVERIADO.

LOS SEMEJANTES SE ATRAEN

Por supuesto, es muy difícil hacer que la gente se dé cuenta de cómo atraen ciertas personas a su vida y también de su propia atracción hacia ellos. Con frecuencia no ven que lo que tanto les atrae de la persona al principio de la relación, tiene algo que ver con su propia problemática disfuncional y eso les impide percibir las señales más obvias de advertencia. Quisiera tener un dólar por cada vez que he oído a alguien decir: «Ahora que lo pienso, sí noté ciertas señales que pasé por alto. Es que quería tanto que funcionara que ignoré algunas cosas que sí eran más graves de lo que pensaba». El problema es que no le hicieron caso a «esa vocecita interior».

No cabe duda que en esta área de la vida opera la ley de la atracción. La gente disfuncional atrae a gente disfuncional, y la gente sana atrae a gente sana. Es innegable, así sucede en todos los casos. Por ejemplo, no es posible que una persona en una relación prolongada con un adicto no sea codependiente en cierto grado. Los dos tipos de persona siempre se las arreglan para encontrarse. La pregunta es, *¿por qué?*

El Secreto diría que se debe a la ley de la atracción que opera en la esfera de la energía personal. La energía que cada persona tiene atrae literalmente a la otra. No tengo recurso científico para saber si esto es cierto o no, pero sí es evidente la atracción. Yo sí creo que tenemos campos de energía que son parte de nuestro carácter, y es probable que así sea como funcione. Por ejemplo, uno puede sentir cuando alguien está lleno de amor y también cuando alguien emite energía negativa. Hay personas que con el simple hecho de entrar a una habitación la iluminan con su presencia o la vuelven sombría. Es perceptible el cambio en el estado de ánimo y la atmósfera que se respira. Quizá algún día exista la manera de medir la energía de la gente o sus niveles de luz o tinieblas.

Pero esto también se puede explicar de otro modo aparte de la emisión de energía. *Existen dinámicas de carácter que explican la atracción personal y cómo somos atraídos a ciertos tipos de persona y no a otros.* Tomemos a los codependientes como ejemplo. Parte de su constitución es su necesidad apremiante de arreglar, reparar o mejorar. Su razón de ser es rescatar a otros. Ahora bien, ¿qué es lo que más necesita un rescatador?

Exacto. Alguien a quien rescatar. ¿Y qué clase de persona necesita rescate? ¿La gente responsable? No. Los responsables cuidan de sí mismos. Los que necesitan rescate constante son aquellos que no asumen responsabilidad de su propia vida, los que no están en control de su situación y están hechos un desastre. Por eso la gente codependiente siempre tendrá gente irresponsable o gente con adicciones en su vida, hasta que caigan en cuenta de que su codependencia es lo que justifica la existencia de esas relaciones y la necesidad de tener gente con problemas en sus vidas.

De forma similar, al otro lado de la ecuación, si la gente opta por ser irresponsable y suelta las riendas de su vida, ¿qué tipo de persona necesitan? Alguien que las rescate de los líos en que se meten. Alguien que se encargue del asunto. Como por arte de magia, así es como encuentran su alma gemela. Se encuentran en medio de la multitud. De manera inconsciente, tienen la capacidad de detectarse mutuamente y establecen un vínculo inmediato, sin importar que sean unos desconocidos en un estadio repleto de gente. Como si tuvieran una antena o un radar, tan pronto se encuentran pueden ver los fuegos artificiales y se gustan a primera vista. Se sienten a gusto, en familia. No tienen ni idea de qué los impulsa a esa atracción, solamente saben que se siente muy bien al principio. Más adelante, las dinámicas de carácter entran en acción y todo se enmaraña.

Veamos otro ejemplo. Si alguien es realmente controlador y no respeta los límites establecidos por otra persona, ¿a quién va a buscar? ¿Qué tipo de persona «cuadra» con el controlador? Respuesta: *alguien que esté dispuesto a tolerar esa conducta*. Son totalmente compatibles. La pareja perfecta. Se siente tan natural, y por esa razón estos tipos de persona se atraen como imanes:

- el egoísta y el abnegado
- el perfeccionista y el complaciente con complejo de culpa
- el huraño y el que siente pavor de la intimidad real
- el que no expresa sus emociones y el que ha sido abandonado toda su vida

- el que tiene una imagen negativa de sí mismo y el que critica

- el egocéntrico y el que lo da todo

- el narcisista y el lisonjero

- la «chica juiciosa» y el «chico malo»

Oí decir a alguien que a uno le atraen personas de su mismo nivel de salud o malestar. Eso definitivamente no es cierto. He visto a gente muy saludable con unos cuantos problemas, emparejados con personas realmente trastornadas o incluso malvadas. Ambos no estaban igualmente trastornados, pero esto sí es cierto: *sus problemas eran compatibles y se prestaban para un trastorno mayor.* Un abusador con frecuencia está más trastornado que la persona pasiva de quien abusa, pero se puede observar cómo sus dinámicas encajan. Tal vez no sean iguales, pero sí son compatibles. Mejor dicho, se acoplan.

EL PROBLEMA ES USTED

Así es como usted puede tener acceso a este secreto: asuma responsabilidad por el hecho de que si tiende a relacionarse con gente disfuncional, bien sea en amistad, romance, negocios o comunidad espiritual, es por una razón muy específica.

El problema es usted, no ellos. Averigüe por qué le atraen esas personas. Déjeme darle un ejemplo. Tengo una amiga soltera que durante varios años se ha quejado conmigo sobre los tipos con que sale. Me dice en tono quejumbroso que a esos tipos no les gusta el compromiso, que no cumplen lo que se proponen ni toman la iniciativa en la relación. Siempre le parece que no hacen planes ni ejercen las responsabilidades propias de una relación. Finalmente me cansé de oír la misma historia y que me dijera siempre: «¿Qué les pasa a los hombres de ahora? Ya se acabaron los buenos». Así que le dije lo que pensaba.

«A mí me parece que estás consiguiendo lo que te atrae, es decir, puros hijos de mami», le dije sin más.

«¿Qué quieres decir con eso?», me respondió.

«Nada más que eso. Creo que todos esos tipos son niñitos. Todos están entre los veintiocho y los treinta y tres años, pero de algún modo siguen pegados a las faldas de mamá y papá. Uno de ellos trabajaba para el papá porque no podía salir adelante por sí solo. Otro vivía en la casa de sus padres. Otro trabajaba en la misma empresa que su papá, quien le consiguió el empleo, y otro dependía de la mamá para pagar sus cuentas. Todos ellos seguían sin independizarse, y así mismo trataban su vida romántica. Nada más querían a alguien que los complaciese y no querían nada que se pareciera remotamente a una relación adulta».

Le expliqué lo mismo una y otra vez, pero mi amiga seguía en desacuerdo. Para ella el problema era que se habían acabado los tipos buenos en el mundo. Hasta que al fin sucedió.

«No lo puedo creer» me contó, «creo que he tenido una revelación».

«¿Qué pasó? ¡Al fin consiguió trabajo de verdad uno de tus nenes?», le pregunté mordazmente.

«No. Tuve una cita con alguien que llamarías un "hombre de verdad". Es asesor de inversiones, se pagó él mismo los estudios de derecho y toma clases de liderazgo, autosuperación y todo eso. Fue *tan* diferente», me contó.

«Cuánto me alegra» le dije, «y cuéntame, ¿qué pasó?»

«Pues que estaba ahí oyéndolo durante la cena y averiguando más de su vida cuando de repente me entraron ganas de irme y no volver a salir con él. Entonces traté de analizar lo que me estaba pasando y me di cuenta de que me sentía enana junto a él. Caí en cuenta que me sentía intimidada en compañía de un adulto de verdad. Necesitaba estar en control, y con este tipo me sentía totalmente fuera de control, aunque era exactamente el tipo de hombre que he estado buscando. *Le tengo absoluto pavor al tipo de hombre que supuestamente quiero tener.* Ya entiendo de qué me estabas hablando. Yo prefiero salir con tipos inmaduros para no sentirme intimidada», me dijo asombrada. Al fin se dio cuenta.

Fue entonces que vi un destello de esperanza para su caso.

JUEGUE EN SU ESTILO PROPIO

Una vez le dije a una mujer que me preguntó cómo lidiar con gente criticona, que simplemente fuera honesta con ellos. «Si lo hace, nunca más van a fastidiarla». Este es el consejo práctico: deje de seguirle el jueguito a los demás. Deje de prestarse para facilitar las debilidades de los demás, y así dejará de atraerlos. De ese modo, la gente que quiera seguir jugando con usted en su estilo dañino, captarán el mensaje y empezarán a jugar al estilo suyo que sí es constructivo e incluye honestidad, responsabilidad, amor, fidelidad y compromiso. Aprópiese de ese estilo de juego, y verá que la única clase de personas que tocarán a su puerta serán como usted. Los demás no querrán saber nada de eso.

LA CONFIANZA ERRADA ABRE LA PUERTA A LA DESGRACIA

El justo es guía de su prójimo,
pero el camino del malvado lleva a la perdición.

—PROVERBIOS 12:26

Desde el momento que nace hasta el día que muere, usted absorbe vida del mundo exterior, tanto de Dios como de la gente. La cuestión definitiva es: ¿qué está absorbiendo? Confíe en gente buena, ábrales su corazón, y prosperará. Confíe en la gente equivocada, y sufrirá.

Al comienzo de este libro aprendimos que la confianza es la llave que abre todos los demás secretos. La confianza abre la puerta al amor. También dijimos que la confianza abre la puerta a una vida de mayor realización. La confianza abre la puerta a Dios y a los demás para que nuestros corazones, mentes, almas y fuerzas puedan absorber lo que nos tienen reservado. Cuando ingerimos comida buena, crecemos. Cuando absorbemos cosas buenas de los demás, también crecemos. Pero la confianza tiene otra cara. Así como obtenemos cosas buenas al abrir nuestros corazones a ellas, también vamos a meternos en problemas cuando confiamos en las cosas erróneas. Del mismo modo que es posible intoxicarse con comida rancia, también es posible que nuestro corazón, mente, alma y fuerzas se envenenen por la influencia tóxica de ciertas personas.

He aquí la verdad simple de cómo Dios creó nuestra vida para que funcionara: la obtenemos de los demás. La absorbemos.

> PERO LA CONFIANZA APENAS ES LA LLAVE EN LA PUERTA. NO ES UN ASUNTO MÁGICO.

Cuando absorbe el bien, el bien se multiplica en usted. Así es como podrá vivir una vida en la que realizará sus sueños más osados, a medida que surca las alturas «con el viento bajo sus alas». Adquirirá sabiduría, amor, fortaleza, respaldo, sanación, crecimiento, habilidades, madurez en el uso de sus talentos, entendimiento, conocimiento, gozo y demás. La Biblia dice que Dios dispensa sus bondades y su gracia multiforme a través de la gente buena que hay en nuestra vida, usando sus dones para ayudarnos a crecer.[4] Usted sabe que así sucede en su propia vida. Piense en la gente que lo ha ayudado a crecer y salir adelante.

Pero la confianza apenas es la llave en la puerta. No es un asunto mágico. Siempre tiene un objeto al otro lado. Lo que cuenta es en qué y en quién deposita usted su confianza. Así como la confianza puede abrir la puerta a cosas buenas, también puede dar paso a la desgracia. Así que este es uno de los secretos más poderosos que se enseña en toda la Biblia: tenga mucho cuidado en quién pone su confianza. La confianza errada puede abrir la puerta a una vida miserable.

DOS FUENTES DE DOLOR

Hay muchas clases de dolor, pero aquí quiero enfocarme en dos. El primero es el que sufren los inocentes a mano de gente malvada o dañina que los maltrata, hiere, utiliza, traiciona o les hace algo horrible sin razón alguna. Bien sea en la niñez o en la vida adulta, una persona muy mala le ocasiona sufrimiento atroz a la víctima. Es algo terrible, y una de las razones principales de la ira de Dios. *Él detesta que los inocentes sufran:*

> *Así dice el Señor: Practiquen el derecho y la justicia.*
> *Libren al oprimido del poder del opresor.*
> *No maltraten ni hagan violencia al extranjero,*
> *ni al huérfano ni a la viuda,*
> *ni derramen sangre inocente en este lugar.*[5]

Es terrible ver sufrir a los inocentes, y es algo que conmueve a Dios profundamente. Él nos pide que actuemos para aliviar el sufrimiento de otros, y cuando lo hacemos, Él nos dice: «Les aseguro que todo lo que hicieron por uno de mis hermanos, aun por el más pequeño, lo hicieron por mí».[6]

El segundo tipo de dolor es el que se sufre a manos de personas malas o que por lo menos son irresponsables y egocéntricas, pero no es como el primero, donde la víctima es un niño o es sometida contra sus fuerzas. No es un tipo inevitable de sufrimiento. *Es la clase de sufrimiento que viene como resultado de confiar en quien no se debe.*

Nosotros, y digo «nosotros» porque a todos nos ha sucedido en algún momento, debimos verlo venir de antemano, pero por alguna razón confiamos en la gente equivocada. A veces no fuimos conscientes de lo que pasaba y otras veces tuvimos suficiente advertencia y debimos preverlo. Como todos sabemos, no siempre es posible anticipar algo así, ya que la gente cambia y en contextos diferentes pueden dejar de ser dignos de nuestra confianza. Pero en muchos casos puede preverse y evitarse si somos cuidadosos. El punto aquí es que *esta segunda clase de sufrimiento viene como resultado de la confianza errada.*

Ahora bien, esto no significa que no debamos compadecernos de las personas que crean sus propias crisis, ni tampoco que les neguemos nuestra ayuda. Pero el mensaje para nosotros es que *el problema pudo haberse evitado y la lección es clara: aprenda del problema y evítelo la próxima vez.*

Usted conoce a personas que han salido lastimadas por confiar en la persona equivocada. Tal vez sea una de ellas. Las señales aparecieron, y fueron ignoradas, pero el deseo de algo más, mejor o diferente fue más fuerte que la realidad patente.

He visto a personas que creen lo increíble y siguen adelante con una relación o un negocio cuando las señales o los antecedentes les indicaban con toda claridad que no procedieran.

Así que, hágase esta pregunta: ¿En qué confía?

¿Confía en lo que le dice la gente? ¿Confía en su encanto? ¿Confía en su manera de ser? ¿Confía en la atracción tan fuerte que siente hacia ellos? ¿Confía en sus credenciales? ¿Confía en su poder o posición social?

Examínese para saber qué es lo que lo motiva a hacerse vulnerable a otra persona y darle acceso a su:

- corazón
- mente
- alma
- energía
- pasión
- dinero

- tiempo
- familia
- amistades
- talentos
- deseos
- amor

- información
- posesiones
- sueños
- planes
- esperanzas
- fe

La respuesta que dé a cada uno de estos aspectos le revelará su propia realidad. Vivimos en una cultura donde la gente se entrega con rapidez en cuestiones de amor, sexo y romance. Ya es común encontrar pareja por Internet e irse de vacaciones sin siquiera saber si la otra persona tiene antecedentes judiciales. Muchos establecen relaciones de negocios sin hacer las indagaciones necesarias. Hay personas que se vuelven amigas íntimas de manera instantánea sin conocerse realmente, pero se confían sus secretos más profundos.

Este es un secreto que la Biblia y cualquier psicólogo bueno le dirá acerca de la confianza: confíe en el carácter de una persona, tal como lo evidencia su conducta.[7]

HABLAR ES FÁCIL

La gente va a decirle lo que sea, pero hacerlo es otro asunto. No crea lo que la gente *diga*. Crea lo que *hagan*. Es con sus acciones que usted tendrá que vivir y de lo que puede depender, y esa es la esencia de la confianza. Dependemos de lo que hagan las personas, no de lo que digan que van a hacer o lo que desearán poder hacer.

Así que el secreto es observar la conducta de la gente. Fíjese en su desempeño. No preste atención a excusas, solamente obsérvelos a medida que pasa el tiempo. El tiempo es un ingrediente clave de la confianza, y así es como Jesús lo expresó:

> *Los árboles buenos producen buenos frutos,*
> *y los árboles malos producen malos frutos…*
> *¡Ustedes reconocerán a esos mentirosos por lo que hacen!* [8]

En las citas románticas, confíe en alguien que tenga más a su haber que una buena pinta, unos gestos encantadores o que solamente le dice cosas que suenan bien. Confíe en la persona que lo trate con amor y respeto a medida que pasa el tiempo, mostrando que tiene la capacidad de darle prioridad tanto a usted como a la relación por encima de sus propios deseos egoístas. Confíe en alguien que demuestra que valora el amor, la libertad, la responsabilidad, Dios, la bondad, el compromiso y aquello que perdura.

En el matrimonio, cuando alguien ha cometido un error grave como la traición o alguna adicción, no confíe en la persona cuando *diga* que lo lamenta y promete mejorar. Aunque es un buen comienzo, no pasa de ahí. Confíe en la persona cuando su «disculpa» haya dado paso a una conducta admirable, es decir, cuando se haya sometido a algún tratamiento y lo siga con constancia, cuando contribuye activamente a su recuperación o ha cambiado el grupo de personas con quienes pasa el tiempo, o establece relaciones en las que tenga que rendir cuentas, o está buscando ayuda, etc. Confíe en las acciones concretas de esa persona.

En los negocios, confíe en alguien que tenga un historial de buen desempeño, socios anteriores satisfechos, un sendero bien forjado al éxito, buenos antecedentes y cuentas claras. Asegúrese además de dedicar tiempo suficiente a verificar toda esa información.

En la amistad, confíe en alguien que haya conocido el tiempo suficiente para cerciorarse de que sea honesto, leal, espiritual, responsable, amable, digno de confianza, y que posee otras cualidades que aseguran un buen trato.

Durante los seminarios tengo la costumbre de leer el siguiente salmo de David que describe el tipo de persona en quien él está dispuesto a confiar, y en quién no confiaría. Después de leerlo hago esta pregunta a los asistentes: «Si usted hubiera practicado desde los dieciocho años lo que David dice aquí, ¿se habría evitado mucho dolor?». Lea lo que dice:

No me pondré como meta nada en que haya perversidad.

Las acciones de gente desleal las aborrezco;
no tendrán nada que ver conmigo.

Alejaré de mí toda intención perversa;
no tendrá cabida en mí la maldad.

Al que en secreto calumnie a su prójimo, lo haré callar para siempre;
al de ojos altivos y corazón soberbio no lo soportaré.

Pondré mis ojos en los fieles de la tierra, para que habiten conmigo;
sólo estarán a mi servicio los de conducta intachable.

Jamás habitará bajo mi techo nadie que practique el engaño;
jamás prevalecerá en mi presencia nadie que hable con falsedad.[9]

Aquí «perversidad» se refiere a todo lo que sea destructivo, torcido y esté oculto. El salmista nos está diciendo que evitemos y no tengamos nada que ver con personas que no sean fieles, que tengan conductas destructivas, que hablan con falsedad de los demás, que son arrogantes y despectivos, que son orgullosos y que nos engañan o mienten. Ahora, déjeme preguntarle algo. ¿Habría sido diferente su vida desde los dieciocho años si hubiera vivido conforme a estos principios? Más claro no podría ser.

EL TIPO NUEVO

Hace poco iba en un avión y alcancé a escuchar la conversación de dos azafatas. Una de ellas tenía «un tipo nuevo», según lo describió.

«Cuento los minutos para verlo. Apenas aterricemos voy a meterme en mi auto y voy a pasar el fin de semana con él. Es tan, pero tan magnífico», dijo.

«Que te diviertas, suena maravilloso», dijo su amiga.

«Sí, es que es un tipo tan bueno», dijo «de veras, es muy bueno».

Aquí es donde nadie necesita tener por ahí un psicólogo esperando su turno para entrar al baño.

«Y bueno, ¿hace cuánto tiempo lo conoce?», intervine.

«Hace un mes» dijo. «Pero eso sí, es de los buenos».

«¿Y realmente cree que puede conocerlo en un mes?», interrogué.

«¿A qué se refiere?», me preguntó con una mirada curiosa.

«Pues, solamente recuerde que hay velocistas de cien metros y hay corredores de maratones», le dije.

«¿Y eso qué significa?», me preguntó.

«Cualquiera puede verse bien durante un mes» dije. «A juzgar por su entusiasmo, me parece que necesita llevarla a ella de acompañante», añadí, señalando a su amiga. «Los velocistas son los que se ven extremadamente bien al comienzo pero no pueden terminar una carrera completa. Los que corren la maratón son los que no solamente empiezan bien, también terminan bien. Para notar la diferencia se requiere algo de tiempo, por eso le digo que tenga cuidado».

«Ni me lo diga», respondió. «He estado casada tres veces, así que lo sé demasiado bien».

Espero que así sea. Parece que hubo otras ocasiones en las que pensó que «el tipo nuevo» era magnífico y resultó no ser así.

«Ojalá su amiga no le permita casarse este fin de semana. No necesita otra boda tan pronto», le dije, y entre chiste y chanza creo que ella captó la advertencia.

RECUPERE SUS FACULTADES

Averigüe por qué tiende a confiar en ciertas personas cuando no son dignas de confianza. Tal vez crea que necesita tanto a esa persona que le sea imposible ver la realidad. Quizá tenga deseos tan idealizados que no se da cuenta de lo que sucede a su alrededor. Muchas veces vemos lo que queremos ver y no lo que es, por eso el consejo de la Biblia es que *recuperemos nuestras facultades perceptivas*:

El alimento sólido es para los adultos,
para los que tienen la capacidad de distinguir entre lo bueno y lo malo,
pues han ejercitado su facultad de percepción espiritual.[10]

Utilice su experiencia pasada en su capacitación moral. No vuelva a cometer los mismos errores. Preste atención a sus facultades de percepción espiritual para elegir lo bueno. Tenga mucho cuidado al confiarle a otra persona su corazón, sus sueños y su alma. Jesús lo expresó de este modo:

> No den a los perros las cosas que pertenecen a Dios.
> Tampoco echen lo más valioso a los cerdos.
> Ninguno de ellos sabe apreciar su valor,
> y lo que harán será pisotearlas y morderlos a ustedes.[11]

Este es un buen secreto para poner en práctica. Escuche su voz interior y no proceda cuando haya señales de advertencia. Mejor dicho, confíe en Dios y échele llave a su auto, sin importar cuán seguro se vea el estacionamiento público.

ℰSCUCHE Y VALIDE ANTES DE TOMAR CUALQUIER DECISIÓN

Mis queridos hermanos, tengan presente esto:
todos deben estar listos para escuchar,
y ser lentos para hablar y para enojarse.

—SANTIAGO 1:19

La pareja con que hablaba era de esas que todo el mundo ve y dice: «Son gente tan amable... ¿Cómo es posible que tengan problemas?». Y era cierto. Ambos eran muy amables, por lo menos con todos los demás. Ella era una ejecutiva de relaciones públicas a quien todos querían, y él era un director de recursos humanos que con frecuencia ayudaba a otras personas. Pero entre ellos habían encontrado la manera de desconectarse, de tratarse sin amor y de actuar de la manera menos amable posible. No parecía importar en absoluto la indiferencia, la frialdad y el sarcasmo de ella hacia él, ni las reacciones negativas del hombre a las expresiones de insatisfacción de ella.

«Es que no siento que le importo ni me siento cuidada por él. En definitiva, no me siento amada», dijo ella primero. «Me siento realmente sola. Él no hace una sola cosa para probar que me ama o que le importo».

«Eso no es cierto», acotó él de inmediato. «Yo hago mucho para mostrar cuánto la amo. Hago un montón de cosas por ella. Nada más el otro día...», y procedió a decir una lista de cosas que había hecho, que para él demostraban su cuidado e interés.

«Sí, pero eso no era lo que yo necesitaba», dijo ella. «Lo que él no entiende es que...», y ella procedió a explicar cómo las cosas que él hacía no eran muestras válidas de amor.

Cuando terminó de hablar, él intervino nuevamente y explicó por qué ella no captaba el mensaje y no veía todo lo que él estaba haciendo por ella, y entonces yo intervine.

«Déjeme preguntarle algo», le dije a él. «¿Qué espera que ella capte? ¿Está tratando de demostrarle que está equivocada y que usted tiene la razón? ¿Que ha hecho un montón de cosas que demuestran amor y ella no las está reconociendo? ¿Es eso lo que usted tanto se propone, *tener la razón* en el asunto?»

«Pues... realmente no... es decir... más o menos. Quiero que ella vea que *yo sí* estoy haciendo cosas por ella. No es cierto lo que está diciendo de mí, que no la amo y no me importa. Quiero que ella vea eso», dijo.

«Pues bien, si estuviéramos en un juzgado, supongo que demostrarle sus argumentos al juez o el jurado tendría algún valor», le dije. «Seguramente le darían la razón, demostraría no ser culpable de ser un mal esposo y ganaría el caso. Mientras que ella lo perdería. Pero entonces, ¿en qué quedaría usted con ella? De lo que usted no se da cuenta es que sin importar cuánta "razón" tenga sobre lo que *usted* considera son demostraciones de amor, la realidad del caso es la siguiente: *ella no se está sintiendo amada por usted.* ¿Está captando lo que le digo? No me importa cuánta razón tenga en el asunto. Solamente quiero saber si puede captar lo que acabo de decirle».

«Ya que lo pone en esos términos, sí lo entiendo», me dijo. «¿Y ahora qué hago?»

Por fin llegamos a la razón de ser de este secreto.

«¿Por qué no trata de escuchar y validar lo que *ella* le dice acerca de *su* experiencia?», le pregunté.

«¿Pero cómo? ¿Qué quiere decir con eso?», preguntó.

En ese instante, entendí por qué habían sufrido tantos años. Era algo que nunca antes habían hecho.

«A ver, ¿qué tal si, en lugar de tratar de convencerla que usted tiene la razón y ella no lo entiende y que se equivoca sintiéndose como se siente, qué le parece más bien si solamente escucha y trata de entender lo que ella siente y le asegura que capta lo que ha dicho? Eso no implica que sus sentimientos no sean reales también, al menos para usted, pero sí le mostraría a ella que su realidad significa algo para usted y que está dispuesto a ver y entender lo que ella le está tratando de decir. Le propongo lo siguiente: en lugar de tratar de mostrarle por qué está en un error, dígale más bien, "Así que te sientes totalmente desatendida, sientes que no te importo en absoluto... oh, esa es una sensación terrible. Sería horrible... yo jamás quisiera que te sintieras así, y nunca en la vida me propondría hacerte sentir de ese modo. Pero lo entiendo. Así es como te sientes. Sin importar qué crea estar haciendo yo para demostrártelo, esto no te está ayudando a sentirte amada. Ya veo lo que dices"».

En ese momento ella empezó a llorar. Fue la primera vez que noté alguna fragilidad por parte de ella en el proceso. El resto del tiempo había sido muy dura, y cuando hablaba sus palabras tenían cierto dejo de arrogancia y sarcasmo. En cambio, sus lágrimas hicieron evidente su vulnerabilidad, y esto es algo sin lo cual no puede crecer un matrimonio. Como ella no había sido escuchada hasta entonces, la vulnerabilidad no había tenido manera de expresarse.

> CONECTARSE CON EL CORAZÓN DE LA OTRA PERSONA ES MÁS IMPORTANTE QUE MOSTRARLE A SU INTELECTO QUE UNO TIENE LA RAZÓN.

A partir de ese punto, sostuvimos una discusión muy beneficiosa porque él se dio cuenta de algo muy importante: *conectarse con el corazón de la otra persona es más importante que mostrarle a su intelecto que uno tiene la razón.*

No importaba para nada que él creyera que sí era amoroso. Ella no se sentía amada. Si él lo hubiera captado, habría podido usar ese mismo esfuerzo y cuidado para hacer algo que la hiciera sentirse amada. Pero hasta que él no se diera cuenta de eso y tratara de seguir convenciéndola, eso no iba a suceder.

CUANDO ALGUIEN POR FIN ESCUCHA

¿Alguna vez ha tenido esta experiencia? Suponga que llama a un técnico y describe su problema, el técnico le dice que haga tal y tal cosa, pero usted sigue las instrucciones y el problema no se arregla. Se lo informa y él dice: «Bueno, ya debería funcionar. Esto lo hacemos todo el tiempo, y siempre funciona. Ya debería estar bien». ¡Pero sigue sin funcionar! Uno quisiera meterse por el teléfono y explicar la frustración que siente. Siempre cuando llego a este punto digo: «Ya sé que usted piensa que debería funcionar, pero ¿me está oyendo cuando le digo que *no* funciona? Sé que debería, pero no es así. ¿Puede ayudarme o no?». Ahí es cuando espero que no tengan identificador de llamadas y se enteren de que soy un psicólogo que escribe libros acerca de cómo comunicarse mejor y mantener óptimas relaciones personales, porque estamos fallando en ambos sentidos. El problema sigue sin solución hasta que...

Uno llama y consigue a otra persona. Esta vez le digo al técnico cuál es mi problema y él dice: «No puede ser, eso debe ser muy frustrante. No debería pasarle algo así, déjeme ver cómo puedo ayudarle y juntos vamos a arreglarlo». Me dan ganas de gritar: «¡Gracias Jesús! ¡Me enviaste un ángel!». Es que se siente maravilloso cuando alguien por fin oye lo que uno está diciendo.

Las relaciones humanas

EL TEMOR

Mucha gente se abstiene de validar los sentimientos de otra persona porque temen que eso signifique ponerse de acuerdo con él o ella. Puesto que algunas veces la otra persona está equivocada, no quieren ceder. Pero este es el punto: no importa si están en un error porque usted no anula su posición por validar la de ellos. Cuando el esposo entiende cómo se siente la esposa y valida que *ella ciertamente se siente así*, él de ningún modo está admitiendo que sea un mal esposo que no se esfuerza en mostrarle cariño. Todo lo que hace es validar que, sin importar qué esté haciendo al respecto, sigue siendo cierto que ella no se siente amada.

Uno no se pierde a sí mismo por validar a los demás. Si usted se identifica con el adolescente que exclama «¡No es justo! Eres un padre [o una madre] muy cruel», no tiene que creer que lo que su hijo o hija dice es verdad. Pero si no aprende a reconocer la validez de sus sentimientos y no aprovecha la oportunidad para conectarse con el sentimiento, puede perder su conexión con la persona. Todo lo que se requiere es decir: «Cuánto lamento que te sientas así. Es terrible. Cuéntame qué es lo que te parece cruel de mi parte».

Así usted podrá oír los argumentos e identificarse con su hijo *sin* abdicar sus límites. Usted puede oír algo, escuchar atentamente qué siente la otra persona al respecto, y de todas maneras decir que no. Pero al menos la otra persona se siente escuchada y comprendida en el proceso. Cualquiera puede aceptar una respuesta negativa sin problema, con tal de ser atendido y comprendido. Lo que no podemos aceptar es que no seamos escuchados ni tenidos en cuenta en el proceso.

El comienzo

Este secreto comienza con la actitud enseñada por San Francisco de Asís en su famosa oración:

> ¡Oh, Divino Maestro!
> Que no busque ser consolado sino consolar;
> que no busque ser amado sino amar;
> que no busque ser comprendido sino comprender.

El enfoque ya no es dejar muy en claro lo que pensamos sino asegurarnos de que la otra persona tenga oportunidad de expresar lo que siente. Así es como nos conectamos de corazón a corazón. Tan pronto se hace eso, los problemas pueden resolverse.

Una vez haya dado el primer paso de procurar la comprensión mutua, el siguiente paso es asegurarse de que la otra persona sepa que usted entiende. Recuerde esta regla: usted no ha comprendido a una persona cuando la entienda, sino solamente *cuando esa persona se dé cuenta de que usted sí entiende.*

Al llegar a ese punto en que saben que usted entiende, podrá proceder con la exposición de sus argumentos y sus propuestas de resolución. Solamente se puede avanzar mientras los corazones permanezcan conectados. La pareja mencionada anteriormente pudo empezar la búsqueda de una solución cuando él por fin la entendió a ella.

Este secreto es cierto en todas las áreas de la vida. En el romance y el matrimonio, la amistad, la familia, la crianza de los hijos, el mundo de los negocios y en todo lo demás, usted tendrá «éxito» únicamente cuando la otra persona sepa que usted la escucha de verdad. Es el fundamento interpersonal de la regla de oro: *tratar a los demás como queremos que nos traten.* Esta regla se basa en la empatía. Para tratar a la gente como queremos ser tratados, tenemos que pensar y sentir como piensan y se sienten los demás. Tenemos que salir de nuestra inmediatez y ponernos en sus zapatos, corazones, mentes y almas. «¿Qué se siente ser como él o como ella ahora mismo? Si yo estuviera en la situación de esa persona, ¿qué me gustaría recibir de mi parte ahora mismo?» Escuchar, comprender e identificarse con empatía son el camino a la armonía en las relaciones personales. Todos queremos ser comprendidos, y aquí es donde entra en vigor la ley del amor.

> USTED TENDRÁ «ÉXITO» ÚNICAMENTE CUANDO LA OTRA PERSONA SEPA QUE USTED LA ESCUCHA DE VERDAD.

ℰL BUEN ENOJO
PRESERVA LAS RELACIONES

Si se enojan, no pequen. No dejen que el sol se ponga
estando aún enojados, ni den cabida al diablo.

—Efesios 4:26–27

¿Alguna vez se ha preguntado por qué Dios nos dio la capacidad de enojarnos? El enojo es muy destructivo para las relaciones. ¿Entonces, por qué Dios nos creó para que nos enojemos tanto? Respuesta: para que podamos tener relaciones personales sanas y buenas.

Ya que eso quedó bien claro...

Es confuso, ¿verdad? El enojo parece ser tan destructivo, pero por su propia naturaleza cumple la función de preservar las cosas buenas, no destruirlas. Dios nos lo dio para que el amor pueda germinar, no para matarlo. Sin embargo, el enojo ha sido utilizado de manera destructiva en las relaciones personales y la vida de muchas personas. Ha causado tanto dolor y sufrimiento que resulta difícil verlo como algo que también puede hacer mucho bien.

Sin embargo, el secreto es que el enojo bien usado es una de las herramientas más importantes para mantener buenas las relaciones personales y una vida realizada. Para entender esto, tenemos que familiarizarnos con la naturaleza misma del enojo. Me gusta definir así la naturaleza del enojo: el enojo es una emoción dise·ñada para proteger lo bueno y destruir lo malo.

EL PROPÓSITO DEL ENOJO

Por designio divino, nos enojamos cuando algo que es bueno y valioso para nosotros es dañado o se ve amenazado. Por ejemplo, si el amor es amenazado por una traición, su enojo se despierta como un centinela y toma su posición para protegerlo con este clamor: «¡No más traición! ¡No más mentiras, engaños o lo que sea que haya puesto nuestro amor en peligro de extinción!». El enojo nos levanta para luchar por el amor y ponerle fin a la maldad que se ha plantado en el corazón. Este es el concepto de «ira santa», que significa luchar por el bien y la justicia.

La libertad es otro ejemplo de algo por lo cual vale la pena luchar. Si alguien trata de quitarle su libertad y controlarlo, su enojo se despertará y usted dirá: «¡Ya basta! No permitiré que eso suceda. Lucharé por mi libertad. Es algo muy valioso». Si no sintiera enojo, podría terminar como prisionero en una relación malsana sin siquiera darse por enterado. Su corazón se enfriaría y su amor moriría a medida que le aprietan las riendas del control. En cambio, si está vivo y sano, su enojo no permitirá que otra persona le robe su libertad, más bien se levantará y dirá: «Suelte ya al cautivo».

Así es como el enojo se convierte en algo bueno. Se parece un poco a un buen ejército que permanece en estado de alerta, siempre listo para reaccionar tan pronto sea necesario. No ataca a nadie, simplemente está preparado para defender el país en cualquier momento.

Una analogía que me gusta todavía más es el enojo como el sistema inmunológico de sus relaciones personales y su vida espiritual. Las defensas que posee su cuerpo protegen lo bueno y destruyen lo malo, tal como lo debe hacer el enojo. Cuando una bacteria entra a su organismo, el sistema inmunológico entra en acción de inmediato para salirle al encuentro con cierto tipo de célula que la rodea. Luego marca la bacteria con un nombre que la identifica como tal. Es decir, reconoce el bicho y lo decodifica para informar al resto de las células cuál es su aspecto y sus intenciones. Después de eso, lo mata para que no pueda invadir su organismo saludable. Así es como le protege la vida. El problema se resuelve antes de que pueda enfermar o morirse.

Pero si su sistema inmunológico es débil, la bacteria se esparce y usted se enferma. La enfermedad se extiende sin resistencia, y en últimas, usted puede morir. Cuando sus defensas fallan, las cosas buenas son destruidas en lugar de la enfermedad. También puede ocurrir el problema opuesto: su sistema inmunológico puede ponerse en contra de sí mismo y convertirse en una enfermedad autoinmune que empieza a atacar sus células sanas, lo cual deja totalmente incapacitado al sistema inmunológico para combatir la enfermedad.

Así mismo sucede con el enojo. Si es sano, ataca los parásitos que destruyen las relaciones para proteger el amor, la conexión, la libertad, la intimidad, la confianza y las cosas buenas. Cuando funciona y hay un problema en la relación, el problema se resuelve y nadie sale lastimado. El amor crece y avanza. Esa es la buena naturaleza del enojo.

En cambio, si el enojo no se utiliza bien, hace lo mismo que nuestro sistema inmunológico cuando falla. O bien es demasiado débil y no contrarresta lo malo de tal modo que la relación se enferma, o el enojo es contraproducente y lo envenena por dentro. Esto sucede cuando una persona no sabe defenderse y se ataca a sí misma en lugar del problema, diciendo: «Es que soy tan estúpido; me odio». Por lo general esto significa que ha sido herido por alguien a quien no se pueden enfrentar y ha dirigido todo el enojo hacia sí mismo. Otro uso malsano del enojo es reaccionar con arranques explosivos cuando algo más moderado le habría dado justo al blanco. No deberíamos ponernos iracundos cuando basta una discusión cordial.

Así que el secreto del enojo es tal como lo describe la Biblia: «Si se enojan, no pequen. No dejen que el sol se ponga estando aún enojados». Usted tiene que enojarse para proteger y preservar las cosas buenas, necesita sentir enojo para saber que algo anda mal. *Es su señal de advertencia.* Pero al hacerlo, no peque en su manera de usarlo. Por eso, tenga en cuenta estas recomendaciones:

1. *Enójese conscientemente.* Esto significa que usted tiene que estar al tanto de sus sentimientos para saber cuándo algo va por mal camino.

2. *Use el enojo para bien.* Pregúntese si se ha enojado por algo que vale la pena proteger. A veces usamos la ira para proteger cosas negativas como nuestro orgullo o nuestro control. Asegúrese de que su enojo es justo, lo cual significa que existe una amenaza real contra algo que merece protección. Nuestro orgullo no lo merece, pero sí nuestro amor.

3. *Ejerza dominio propio.* No haga nada precipitado. Métale cabeza al problema, no solamente sus sentimientos. Saque tiempo para pensar cuál es el problema real y cómo va a abordarlo. Si es necesario, hable del asunto con otra persona. No actúe al calor de las emociones.

4. *Utilícelo para resolver el problema.* Si su enojo es bueno y justo, asegúrese de usarlo para resolver el problema, no para hacerle daño a la otra persona. «No pequen» significa que al usar nuestro enojo nadie debe resultar herido en el proceso. Sea afable. Póngase *en contra* del asunto pero *a*

favor de la persona: «Te amo, pero no me gusta lo que hiciste». Ese es un uso apropiado de su reacción inmunológica al problema. Las buenas defensas atacan la bacteria, no al organismo. Usted se enfrenta al problema, no a la persona.

Estos son los pasos para «enojarse bien». Cuando su enojo es bueno, puede utilizarlo para hacer que sucedan cosas buenas, no para hacerle daño a alguien. Para eso Dios le dio la capacidad de enojarse, para contar con un buen sistema inmunológico en sus relaciones personales. Recuerde que si no presta atención a su enojo y le permite cumplir su función, usted y sus relaciones se enfermarán más y más a medida que la infección de un problema no tratado crece fuera de control.

> PARA ESO DIOS LE DIO LA CAPACIDAD DE ENOJARSE, PARA CONTAR CON UN BUEN SISTEMA INMUNOLÓGICO EN SUS RELACIONES PERSONALES.

EL ÉXITO EN LAS RELACIONES REQUIERE LA CAPACIDAD DE CONFRONTAR

La Biblia es clara, y la investigación lo demuestra: las personas que tienen relaciones exitosas usan bien su enojo y confrontan directamente los problemas. Eso se debe a que saben dar el cuarto paso descrito arriba y proceden a confrontar el asunto de forma inmediata y sin rodeos. Hay dos fases de la confrontación que la gente de éxito tiene en cuenta. Primero, toman la iniciativa. Segundo, solucionan el problema.

Es importante no esperar para confrontar un asunto. Hay que tomar la iniciativa y ser proactivos ante las circunstancias, no dejarse llevar por la corriente. Las personas que tienen relaciones exitosas no esperan a que los problemas empeoren hasta llegar al punto en que el problema mismo los confronta, en lugar de ser ellos quienes confrontan el problema. Es como esperar hasta que un diente picado lo despierte en medio de sus vacaciones y lo confronte con una situación de emergencia. Habría sido mucho mejor acudir temprano al dentista para arreglar el problema antes de que se agravara.

Así que no se ponga a esperar que la otra persona acuda a usted ni le dé tiempo al problema para agrandarse. Si se trata de un problema real y continuo, es como una infección, y *no* va a mejorar por sí solo. He oído a mucha gente decir: «Bueno, ella es la del problema, así que ella necesita hablar conmigo. Yo no la voy a llamar, le toca el turno de acudir a mí». No nos engañemos en cuanto a esto, más bien acatemos la instrucción de Jesús:

> *Por lo tanto, si estás presentando tu ofrenda en el altar*
> *y allí recuerdas que tu hermano tiene algo contra ti,*
> *deja tu ofrenda allí delante del altar.*
> *Ve primero y reconcíliate con tu hermano;*
> *luego vuelve y presenta tu ofrenda.*[12]

Su mensaje es claro, debemos tomar la iniciativa y hacer todo lo que sea posible de nuestra parte, así la persona no haya acudido a nosotros. Dios quiere que tengamos todos nuestros asuntos en orden y los problemas en nuestras relaciones aclarados, en cuanto a lo que depende de nosotros. Ciertamente usted no puede controlar si la otra persona va a responder bien. Pero sí puede controlar su manera de actuar y poner todo de su parte. Mantenga la proactividad. Tome la iniciativa. No espere que el problema se ponga peor.

Además, Jesús dice que si estamos al otro lado de un conflicto y tenemos algo contra otra persona, también debemos tomar la iniciativa de reconciliarnos. Tenemos que acudir primero sin esperar que el otro se dé por aludido:

> *Si tu hermano peca contra ti,*
> *ve a solas con él y hazle ver su falta.*
> *Si te hace caso, has ganado a tu hermano.*[13]

Para tener éxito en las relaciones personales y en la vida, no podemos esperar que los problemas nos salgan al encuentro, tenemos que tomarles la delantera.

Lo mismo se aplica a las relaciones de negocios y los problemas personales. No lo deje para después, acostúmbrese a enfrentar los problemas de inmediato. Enfrente primero los más difíciles, así es como la gente exitosa del mundo da la cara y no evita los retos que les salen a diario. Por ejemplo, la historia crediticia de mucha gente mejoraría si tan solo levantaran el teléfono y hablaran con sus acreedores para ponerse de acuerdo en una solución. En lugar de eso se quedan cruzados de brazos y los recolectores de deudas los agarran al primer descuido como dientes picados.

El segundo aspecto de la confrontación exitosa es que redime. Esto significa que usted confronta un problema de la manera más prudente para llegar a un buen final. Los finales felices consisten en que el problema quede resuelto y la relación restaurada. En vez de bombardear a la persona, usted preserva la persona y enfrenta el problema objetivamente.

Tenga en cuenta estas recomendaciones:

- *Deje el enojo a un lado antes de dialogar.* Recuerde que su enojo es la señal de que algo está mal. Es la luz roja que se enciende en su tablero de controles. No es una herramienta para arreglar el problema. El enojo le hace saber que algo requiere atención, y ahí termina su trabajo. No es un recurso de comunicación, así que deje a un lado la fogosidad, los gritos y la rabia antes de tratar a la persona. Dios lo expresa de este modo: «El necio da rienda suelta a su ira, pero el sabio sabe dominarla».[14] Tome más bien como herramientas la amabilidad y la firmeza.

- *Valide a la persona y la relación primero que todo.* Diciendo por ejemplo: «Quiero hablarte de un asunto porque te amo y nuestra relación es importante para mí». También puede hacer un comentario edificante sobre la persona antes de mencionar el asunto.

- *Diga qué resultado desea obtener antes de empezar.* «Quiero hablar de esto para que podamos tenernos más confianza» o «Quiero hablar de este asunto para que nuestra relación funcione aun mejor».

- *Sea específico en cuanto al problema y sus consecuencias.* Use la fórmula de «cuando tú haces *esto*, yo me siento *así*, o sucede *aquello*»: «Quiero que tengas cuidado con el tiempo, pues cada vez que llegas tarde eso afecta el resto de mi horario y me complica los demás compromisos que debo cumplir en el día».

- *Cerciórese de que se comprendan mutuamente.* «Entonces, ¿sí entiendes lo que te estoy diciendo?»

- *Si es necesario, haga aclaraciones.* «No, no estoy diciendo que no me ayudas. Estoy diciendo que necesito que cambies en este aspecto específico».

- *Si se requiere, planee un seguimiento.* «Hablemos de nuevo la semana entrante para ver cómo nos está yendo» o «¿Qué deberíamos hacer si esto vuelve a suceder?»

- *Concluya con comentarios constructivos* sobre la persona y la relación.

Recuerde, su éxito en las relaciones y en la vida dependerá de su capacidad para confrontar bien los problemas. Usted sabe que para alcanzar el éxito, los obstáculos que se interponen entre usted y el éxito deben ser superados. Cuando hay un obstáculo para alcanzar una meta, esta no se logrará hasta que el obstáculo no haya sido removido. Tan pronto lo logre, el éxito vendrá.

Por eso, no evite el enojo ni la confrontación si quiere el éxito de Dios en sus relaciones. Deje que su enojo le avise qué anda mal, después confronte con bondad y claridad. Así tendrá el resultado que desea en sus relaciones personales. Este es el buen enojo, la clase de enojo que lo puede ayudar a triunfar en la vida.

$\mathcal{T}$odos queremos sentir que alcanzamos logros importantes y somos exitosos en lo que hacemos. El problema es que muchas veces no sabemos qué deberíamos estar haciendo, cómo hacerlo ni cómo mejorarlo. La buena noticia es que Dios le ha creado con un propósito muy específico y ha revelado los secretos que lo ayudarán a encontrar su propósito y cumplirlo a cabalidad.

Los secretos expuestos en las siguientes páginas lo guiarán para entender con que propósito lo creó Dios y cómo poner a buen uso los dones y talentos que le han sido confiados.

Secretos para cumplir su propósito en la vida

TODOS FUIMOS CREADOS CON UN PROPÓSITO

*Dios es quien produce en ustedes
tanto el querer como el hacer
para que se cumpla su buena voluntad.*

—FILIPENSES 2:13

¿Alguna vez se ha preguntado por qué está aquí? Quiero decir, ¿se ha cuestionado realmente *por qué razón está en la tierra*? Es una buena pregunta, no lo dude. Inclusive cuando nos topamos con un conocido en un lugar inesperado, decimos: «Oye, ¿y tú qué haces por estos lados?». Debe ser por alguna razón, ¿no le parece? Por eso es que lo preguntamos.

Además, nadie nos va a contestar: «Oye, por ninguna razón en particular. Es que esta mañana me desperté y de repente vine para el centro comercial. ¿Será que tú me puedes decir qué hago aquí?». A no ser que tenga amnesia, la persona sabrá por qué está allí y a qué vino.

Ahora bien, y esto sí que es asombroso, nosotros como humanos realmente tenemos amnesia. Piénselo un momento. La gente se despierta cada día en el planeta y nunca se pregunta: «¿Qué estoy haciendo aquí?». Si uno se pone a pensarlo, es algo increíble. Sabemos más acerca de por qué estamos en el centro comercial que de la razón por la que estamos vivos en la tierra y cuál es nuestro propósito en la vida.

Esa ignorancia o amnesia tiene varias causas. Una razón es que hemos *olvidado* que tenemos un propósito. La raza humana como un todo se ha desconectado del principio de que Dios nos creó y nos puso en la tierra por alguna razón. Como estamos tan desconectados de Él, lo hemos olvidado por completo. Cada uno de nosotros, de manera muy personal y profunda, lo ha olvidado como si tuviéramos amnesia. Nos despertamos aquí, y no recordamos por qué.

Otra razón es que cuando usted está en el centro comercial, alguien *le pregunta* por qué. Cuando su amigo se acerca y le pregunta, usted responde. De otro modo, no se pone a pensar mucho en el asunto, simplemente se dedica a lo que vino a hacer. Por eso en la vida, si nadie nos pregunta, simplemente seguimos adelante sin ponernos a pensar jamás en el porqué, deambulando por el centro comercial, sin propósito alguno. No obstante, la realidad es que Alguien *sí* nos lo está preguntando. Lo que pasa es que estamos demasiado ocupados deambulando como para prestarle atención.

La tercera razón es que a falta de no conocer nuestro propósito, nos inventamos uno o varios que cambian en diferentes épocas de la vida. Ya le conté de qué pensaba yo que se trataba mi vida hasta que toqué fondo, y cómo cuando mis propósitos se malograron quedé perdido, a la deriva. Hay otras personas que no pierden los propósitos que se inventan sino que realmente los cumplen, y luego descubren que esos propósitos no son suficientes para hacerlos sentir felices. Los multimillonarios con tendencias suicidas y las estrellas de cine con diversas adicciones lo demuestran a la perfección.

Déjeme preguntarle de nuevo: «¿Por qué está *usted* aquí?». Y permítame sugerir a quién acudir para hallar la respuesta. No le recomiendo copiar a la estrella del momento que sale en la última revista de chismes para encontrar su propósito en la vida. Tampoco hallará su propósito imitando a los más destacados atletas profesionales. Aquel a quien necesita acudir es la persona que lo hizo. Su Creador. Él es la razón por la que usted está aquí, y Él tiene un propósito para su vida.

> *Reconozcan que el Señor es Dios;*
> *Él nos hizo, y somos suyos.*
> *Somos su pueblo, ovejas de su prado.*[1]

CÓMO SACUDIRNOS LA AMNESIA

Lo primero que necesita saber acerca de su propósito es que Dios es la razón de su existencia. Como dice el versículo: «Reconozca que el Señor es Dios». Es lo primero que necesitamos tener claro si es que vamos a encontrar nuestro propósito real en la vida. Él es la fuente, la razón de todas las cosas. Ninguno de nosotros se hizo a sí mismo. Él nos hizo. Por esa razón, no somos nuestros propios dueños. Le pertenecemos y somos su pueblo. Además, donde-quiera que estemos paciendo, somos ovejas de *su* prado. Por eso, para hallar su propósito, empiece por entender que Dios lo creó para que le perteneciera.

A partir de ahí, entienda que Él lo creó por razones específicas. Primero, para tener una relación con usted. Él lo creó para amarlo. De forma muy similar a los padres que deciden tener un hijo a quien amar, criar e identificarse con él o ella, todo tiene que ver con el amor que Dios quiere dar a granel.

Y hay más todavía. Dios no lo creó para que anduviera por ahí sin hacer nada. Él le dio ciertos dones y habilidades, y quiere que usted los utilice y los multiplique en maneras que contribuyan a *sus* propósitos, que ayuden a los demás y le permitan realizarse como persona. Dios quiere que usted haga cosas buenas, valiosas y significativas con su vida.

Además, Él quiere que usted le sirva directamente. Quiere que sea un voluntario en su ejército y haga todo lo que Él necesita que haga en la tierra. Dios dice que usted es sus brazos, manos y dedos en el planeta, o por lo menos en su vecindario. Si necesita hacerle llegar comida a alguien, Él quiere marcar su número y estar seguro de que la ayuda llegará a su destino. Él le ha dado ese privilegio asombroso de realizar acciones específicas para las cuales lo ha equipado y capacitado.

Y encima de todo, y esto es algo estupendo, ¡Dios quiere que usted lo disfrute al máximo! Él no lo creó como un esclavo para que trajinara arduamente. Mucha gente cree que si se entrega a Dios para servirlo, tendrán que salir en el próximo barco con destino a alguna jungla remota como misioneros. Trate de decirle eso a los jugadores profesionales de baloncesto de la NBA que son creyentes. Se le van a reír en la cara y le dirán que Dios los creó para jugar baloncesto, así como creó a otros para ser cirujanos. O como una madre joven me dijo hace poco sobre la crianza de sus tres hijitos: «Siento que estoy haciendo aquello para lo cual fui puesta en este planeta». Bingo. Ella encontró su propósito, y no estaba en una selva.

Claro, ese es el propósito de algunos que se han entregado a Dios y Él decidió enviarlos, no a la NBA ni a la FIFA ni a la asociación de padres de familia. Los envió a tierras lejanas y desoladas como misioneros, pero esta es la clave: ellos dicen lo mismo que la mamá o el futbolista, que están haciendo aquello para lo que fueron creados, y que se sienten *dichosos* de hacerlo porque es lo que Dios quiere para ellos. Están en el punto óptimo de la existencia que es realizar la voluntad de Dios en sus vidas.

Dios quiere que usted se regocije en su servicio a Él usando sus talentos, celebrando la vida y disfrutándolo todo al máximo. Como Salomón dice:

> *Yo sé que nada hay mejor para el hombre que alegrarse*
> *y hacer el bien mientras viva;*
> *sé también que es un don de Dios que el hombre coma o beba,*
> *y disfrute de todos sus afanes.*[2]

Dios hizo la vida y el trabajo para que los disfrutemos.

EL SIGUIENTE PASO

Bueno, ahora que estamos despiertos y no tenemos más amnesia, ¿qué hacemos? Salomón nos da otra pista diciendo que comamos, bebamos y hallemos satisfacción en el trabajo, a lo cual añade:

> *He visto que también esto proviene de Dios porque*
> *¿quién puede comer y alegrarse, si no es por Dios?*[3]

En otras palabras, el siguiente paso es dejar de deambular por el centro comercial como si estuviésemos en nuestra propia aventura de compras impulsivas, y que pongamos las cosas en orden. Como Salomón lo dice claramente, sin Dios no vamos a encontrar nuestro propósito. Seguiremos vagando por la vida sin disfrutarla y sin sentirnos realizados de verdad. Tenemos que dar el primer paso y rendir nuestras vidas a Dios, darle todo lo que somos y dejar que Él nos muestre si deberíamos estar en la NBA, en la escuela de enfermería, en el quirófano o en alguna selva. Este paso se llama *rendición*.

Antes que se atore con esa palabra, recuerde que *Dios lo hizo a usted*, así que Él sabe para qué fue que lo creó. Él quiere lo mejor para su vida y lo guiará a su destino. Recuerde el versículo anterior que nos manda a reconocer quién nos hizo. No nosotros mismos. Créalo o no, Él sabe mejor que usted qué es lo mejor para usted.

¿Recuerda mi historia? Yo fui uno de esos cuyos planes tuvieron que irse al piso antes de darme cuenta de que Dios sabía más que yo y podía guiarme a mi destino. Tal vez usted haya llegado a ese punto. De ser así, Él puede hacer lo mismo por usted, pero también es posible que le haya ido muy bien deambulando por el centro comercial. En ese caso, tiene la oportunidad de entregárselo todo a Dios porque es la opción más inteligente, no porque se haya estrellado contra la pared. Lo más importante es que lo haga, no importa dónde se encuentre hoy, bien sea que vaya ganando o perdiendo. Él sabe qué es lo mejor.

Renuncie a su vida y cámbiela por la de Él. Va a ser mejor. Puede que no sea más fácil, puede que sí. Eso no será importante porque al final será mejor. Tal vez su vida sea exactamente como la que tiene ahora, pero será Otro quien ocupe el trono. Tal vez nada cambie por fuera. Aunque puede ser que cambien algunas cosas. Sea como sea, si va a descubrir su propósito verdadero para estar en la tierra, debe comenzar por someterse a Dios. Él va a mostrarle la vida más satisfactoria que puede vivir, la que fue diseñada para usted. Pero usted va a tener que entregarse a Él por completo. Conviértase en siervo suyo, y lo ganará todo.

Jesús lo dijo de este modo:

> Porque el que quiera salvar su vida, la perderá;
> pero el que pierda su vida por mi causa, la encontrará.[4]

Tan pronto «pierda su vida» en Dios, Él lo guiará. Seguirá teniendo sueños y visiones, incluso más que antes. Tendrán una relación en la que Dios le ayudará a lograr aquello para lo que fue creado o creada. Hará planes en lo más profundo de su corazón, y Él guiará sus pasos. Él será su pastor, y usted se deleitará en sus prados. Como dice Proverbios:

> El corazón del hombre traza su rumbo,
> pero sus pasos los dirige el Señor.[5]

Usted soñará, y Él obrará. Además, será el guía personal de sus sueños. Su Pastor lo ayudará a cumplir el propósito que tiene para usted.

LOS DOS GRANDES MANDAMIENTOS

Esto respondió Jesús cuando le preguntaron cuál era el mandamiento más importante: amar a Dios con todo el corazón, con toda el alma, con toda la mente y con todas las fuerzas; y amar al prójimo como a uno mismo.[6]

Este doble mandamiento es el mejor punto de partida para esta sección sobre el propósito de la vida. Vamos a ver varias maneras en que usted puede alcanzar el éxito en su propósito, sus sueños y sus metas al embarcarse en su propia aventura con Dios. Sin importar cuántas vueltas demos al asunto, todo se resume en estos dos principios. Si usted ama a Dios con todo su ser, sabrá qué hacer con su vida y cómo hacerlo bien. El resultado, independiente de los detalles específicos, es que estará en capacidad de ayudar a otros y hacer por los demás lo que usted quisiera que ellos hicieran por usted. Y Dios lo bendecirá por su entrega total a Él. Yo sé que Él va a colmarlo con miles de bendiciones que usted ni podría imaginar. Todo porque... Él nos hizo, y somos suyos.

SU CORAZÓN DETERMINA EL RUMBO DE SU VIDA

Por sobre todas las cosas
cuida tu corazón,
porque de él mana la vida.

—PROVERBIOS 4:23

Rhonda Byrne tuvo razón en parte cuando dijo en *El Secreto*: «Usted se convierte en lo que piensa».[7] Es cierto que *gran parte de lo que sucede en nuestra vida y nuestras relaciones se origina en nuestro corazón y nuestra mente.* La idea de Byrne de que creamos nuestra propia realidad tiene algo de cierto, pero difiere de la perspectiva judeocristiana en que Dios y no nuestros propios pensamientos, es quien está en control del universo. Además, la relación entre nuestros pensamientos y nuestra realidad no se da mágicamente porque el universo responda a las «buenas vibraciones» que tengamos. No somos dioses, y el universo no obedece nuestras órdenes. (¿Qué sucedería si usted y yo deseamos el mismo estacionamiento o si apoyamos con energía mental positiva los equipos contrincantes en la final del campeonato mundial de fútbol?) Más bien, la relación entre pensamientos y realidad yace en la verdad de que *quiénes somos por dentro determina en gran medida nuestra vida exterior.* Como bien dijo el filósofo antiguo Heráclito, «El carácter de un hombre es su destino».

Los pensamientos y las buenas vibraciones del golfista Tiger Woods en cuanto a su capacidad para dar el último golpe corto que le permitirá ganar el Abierto de Golf de los Estados Unidos, producirán resultados muy diferentes a los que usted y yo pudiéramos emitir. El mundo interior de este campeón ha encontrado la manera de hacerse realidad en su mundo exterior. Sus ideas sí pasan de la visualización a la realidad, pero todo empieza con su visión interna. La visión de Woods, es decir, sus pensamientos acerca de convertirse en un campeón, comenzó muy temprano en su infancia, y hoy todos apreciamos el fruto de esa mentalidad positiva.

SE PUEDE CONOCER UN ÁRBOL POR SU FRUTO

La Biblia tiene mucho que decir sobre cómo lo que llevamos por dentro afecta nuestro mundo exterior, y una de las ilustraciones que usa para mostrarnos cómo esto sucede es la del árbol y su fruto:

> *Por sus frutos los conocerán.*
> *¿Acaso se recogen uvas de los espinos, o higos de los cardos?*
> *Del mismo modo, todo árbol bueno da fruto bueno,*
> *pero el árbol malo da fruto malo.*
> *Un árbol bueno no puede dar fruto malo,*
> *y un árbol malo no puede dar fruto bueno.*[8]

Si tienen un buen árbol, su fruto es bueno;
si tienen un mal árbol, su fruto es malo.
Al árbol se le reconoce por su fruto.[9]

Estoy seguro que lo ha observado en la vida. Un árbol bueno, es decir, una persona que es sana, es alguien que tiene relaciones saludables, mientras que una persona con muchos desajustes internos es propensa a tener relaciones igualmente disfuncionales.

Quién es usted por dentro tiene mucho que ver con el aspecto exterior de su vida. El otro día me encontré con un amigo que conozco desde hace diez años, el tiempo suficiente para conocer sus patrones de conducta. Me estaba contando acerca de un nuevo negocio. Tenía toda la energía positiva del mundo y estaba seguro de que iba a ser un éxito tremendo. Pintaba muy bien, pero había un problema. Yo he oído sobre su entusiasmo y certidumbre muchas veces, en cuanto a muchos negocios, en el transcurso de muchos años. Y nunca han funcionado. No le han salido ni una vez. ¿Por qué? ¿Por falta de actitud mental positiva? No, hasta podría decirse que es demasiado positiva.

> QUIÉN ES USTED POR DENTRO TIENE MUCHO QUE VER CON EL ASPECTO EXTERIOR DE SU VIDA.

La razón para que él no sea exitoso en sus negocios es que le faltan algunos elementos indispensables «dentro del árbol», en su carácter, que producirían el tipo de fruto que tanto busca. Esto es lo que le impide hacer realidad el éxito que desea y que aquel negocio nuevo podría brindarle. Además, si se hubiera tratado de otra persona, yo mismo probablemente habría invertido en el negocio porque parecía sólido y viable. Pero como conocía bien su carácter (su árbol), sabía que sin importar cuán bueno fuera el negocio o la oportunidad, él encontraría la manera de echarlo a perder. Es que así es él, hasta el momento.

Este es uno de los secretos más importantes que Dios nos enseña: una de las mejores cosas que puede hacer para su propio beneficio es *mejorarse como persona*. Hasta que no lo haya hecho, seguirá encontrando la manera de sabotear los mejores trabajos, las mejores relaciones, las mejores oportunidades y todo lo que se le cruce en el camino. No me refiero a un sabotaje intencional, sino el que sucede cuando alguien no está listo o no está capacitado para hacer algo realidad.

¿A qué se debe que algunas personas tengan una sucesión prolongada de éxitos y otros una serie continua de fracasos? Claro, estar en el lugar correcto en el momento oportuno, conocer a la gente precisa y demás pueden ser factores contribuyentes. Pero la verdad es que el curso de nuestra vida tiene más que ver con quiénes somos como personas que con las oportunidades que se nos presentan. Veo personas que pasan por años de relaciones fallidas en búsqueda de «la pareja ideal», pero nunca se les ocurre que necesitan *convertirse* en la persona ideal para *atraer* a su ser amado ideal. Nunca se les ocurre que aunque Dios y la vida nos dan oportunidades, nosotros también podemos crear muchas de nuestras propias oportunidades.

La ley de la siembra y la siega

Otra manera en que la Biblia habla de cómo nuestro corazón determina el curso de nuestra vida es la ley de la siembra y la siega. Si la examinamos, la ley de atracción expuesta en *El Secreto* tiene cierta similitud con esta ley de Dios. Así es como funciona: todo lo que siembre en usted, como lo es una nueva habilidad laboral o una nueva habilidad social, usted lo segará en mejores resultados en el trabajo y mejores relaciones personales.

Nada más mire alrededor. ¿Quién consigue los buenos empleos o desarrolla una carrera exitosa? Por lo general, las personas que han invertido en sus talentos, experiencia, hojas de vida y capacidades. Sembraron en su desarrollo profesional y segaron los beneficios de su carrera. ¿Quién atrae a «la gente bien» y facilita las mejores relaciones personales? Aquel que ha enfrentado y superado sus problemas personales. ¿Quién vive con buena salud y quién vive casi siempre enfermo? En términos generales, las personas que siembran estilos de vida saludables cosechan salud, mientras que la enfermedad es lo que siegan quienes tienen estilos de vida malsanos. Es por esa razón que las compañías de seguros hacen todo tipo de preguntas sobre el estilo de vida de la gente, y los bancos verifican la historia crediticia de sus posibles clientes.

Salvo otras circunstancias, quiénes son como personas determina el curso de sus vidas. Deje de esperar tanto contra toda esperanza y empiece a trabajar en volverse el tipo de persona que producirá buenos resultados en su vida.

La ley de la siembra y la siega es una de las leyes más poderosas en el universo. Como Salomón lo dijo:

> *Lanza tu pan sobre el agua;*
> *después de algún tiempo volverás a encontrarlo.*[10]

En otras palabras, lo que usted aporte al mundo determinará la calidad y el rendimiento de su inversión.

DIOS Y LA VIDA LE SALEN AL ENCUENTRO

Otra dimensión de la ley de sembrar y segar que también es similar a la ley de la atracción, es que a medida que crecemos y estamos mejor equipados, nos salen al encuentro nuevas oportunidades y situaciones que se acoplan con precisión a nuestro nuevo nivel de madurez y capacidad. Lo he visto suceder una y otra vez en mi propia vida y la de otras personas. Cada vez que adquiero una habilidad o me aventuro en alguna iniciativa nueva, Dios abre puertas y las oportunidades se dan con cierta facilidad. La Biblia enseña que Dios trae tales oportunidades cuando estamos listos para aprovecharlas. Un proverbio antiguo dice: «Cuando el estudiante está dispuesto, el maestro aparece». La clave es que usted esté *preparado*, dedicado a mejorarse como persona para que Dios pueda llevarlo al siguiente paso en su camino de crecimiento personal. Si está listo, el siguiente paso aparecerá con claridad. Si se pone saludable, aquella relación sana aparecerá en el horizonte. Si se capacita, aquella oportunidad de trabajo o negocio se concretará. Dios dirige nuestros pasos a medida que atraemos aquello para lo cual estamos listos.

Una y otra vez la Biblia afirma la verdad de que Dios y la vida nos saldrán al encuentro allí donde estemos.[11] Él puede incluso disciplinarlo[12] por el gran amor que le tiene. A veces las *dificultades* son exactamente lo que uno necesita para avanzar al siguiente paso. Santiago dice que nos consideremos «muy dichosos»[13] cuando enfrentemos diversas pruebas porque éstas nos ayudan a crecer. A veces los retos o las dificultades ocasionan cambios positivos en nosotros que nos preparan para aprovechar mejores oportunidades. Al hablar de retos y dificultades no me refiero a maltratos, abusos ni tragedias. Esto no es parte de la disciplina divina sino desgracias que usted no causó ni necesitó en su vida. Pero a veces Dios permite que pasemos por otro tipo de dificultades a fin de madurar nuestro carácter, como una especie de adiestramiento especial. Si usted quiere avanzar al siguiente nivel, aprenda las lecciones de la situación en que se encuentra para que no le toque «repetir el año».

SU CORAZÓN DETERMINA SU DESEMPEÑO

La investigación ha demostrado que es posible predecir el futuro éxito académico de los niños de cinco años midiendo ciertos rasgos de carácter independientes del coeficiente intelectual. Tras hacerles seguimiento desde el preescolar hasta graduarse de la secundaria y más allá, *su inteligencia no explicó su éxito tanto como su capacidad para posponer la gratificación*. El grupo que pudo posponer la gratificación tuvo mejor desempeño que los chicos más inteligentes que ellos a quienes les faltaba ese rasgo de carácter.

Otra investigación ha probado que el optimismo es un mayor pronosticador de éxito en las ventas que las evaluaciones de aptitud de la industria. Si tiene pesimismo en su corazón y su mente, el curso de su vida será muy diferente que el de una persona con una perspectiva positiva. Proverbios 4:23 dice: «Sobre toda cosa guardada, guarda tu corazón; porque de él *mana la vida*».[14] Es decir, el corazón es el manantial de los asuntos de la vida. Por ejemplo, el asunto de una persona optimista podría ser: «¿En qué voy a invertir todas las comisiones que me voy a ganar?». En cambio, el asunto en la vida de un pesimista será completamente diferente porque su corazón es diferente. Su mentalidad le hará preguntarse, por ejemplo: «¿Dónde encontraré otro trabajo? Esto de las ventas no me está funcionando».

Tanto la Biblia como la vida nos muestran que el tipo de persona que usted sea determina qué clase de vida «atrae». Las siguientes citas bíblicas ratifican el principio divino de que todo lo que hay en nuestro interior (nuestro carácter, nuestro corazón, nuestra mente y nuestra alma) determina en gran medida lo que nos sucede en la vida. Las correlaciones son asombrosamente obvias:

El que refrena su lengua protege su vida,
pero el ligero de labios provoca su ruina.[15]

El que desea tener sin trabajar,
al final no consigue nada;
¡trabaja, y todo lo tendrás![16]

Al pecador lo persigue el mal,
y al justo lo recompensa el bien.[17]

A medida que usted madura, Dios y la vida recompensarán su crecimiento dándole nuevas oportunidades y abriendo puertas. Quiero darle una lista de tareas específicas para mejorar «el interior de su árbol», las cuales prepararán su corazón para una vida llena de propósito:

- afianzarse
- vencer los temores
- capacitarse
- adquirir sabiduría y conocimiento

- practicar la persistencia y la perseverancia

- cambiar de actitud en cuanto al fracaso

- librarse de la amargura

- dejar de buscar culpables

- abandonar la mentalidad de víctima

- ejercer su capacidad para confrontar

- superar problemas de control

- rendirse y controlar su enojo

- fortalecer su capacidad para decir «no»

- crecer en su capacidad para relacionarse

- resolver heridas y traumas del pasado

- sobreponerse a la depresión

- vencer adicciones y conductas compulsivas

- abstenerse de la impulsividad

- no vivir en pos de ilusiones y caprichos

Cuando se ponga a trabajar en «el interior del árbol», que es la maduración de su carácter, verá cómo la situación empieza a cambiar por fuera. La dirección de su vida se consolidará a medida que su interior queda alineado con el propósito de Dios para usted.

$\mathcal{N}$O TODOS SOMOS IGUALES

Tenemos dones diferentes,
según la gracia que se nos ha dado.
—ROMANOS 12:6

Está probado por la observación empírica: cuando uno hace aquello para lo cual tiene aptitud, los resultados son mucho mejores. Desde tiempos inmemoriales, hemos sabido que no todos somos iguales. *Cada uno tiene dones y habilidades diferentes*, y todos tenemos esos dones y talentos en diferentes grados y medidas. Descubrir nuestra capacidad individual es una de las claves para tener una vida con propósito.

CERDOS CON PROPÓSITO

Un secreto para hallar el propósito de su vida es descubrir qué habilidad natural o dada por Dios posee para desempeñarse en cierto campo. Como reza el viejo dicho: «No se puede enseñar a cantar a un cerdo. Es frustrante para el pobre cerdo y la música apesta». Muchas veces tratamos de hacer cosas que son incompatibles con nuestra pasión y nuestros talentos. Como resultado, la música es insufrible y terminamos siendo desdichados. En cambio, si se pone al cerdo en el trabajo que le corresponde, tendrá éxito, con tal que no le toque cantar.

Esta sabiduría antigua es confirmada por la ciencia actual. Por ejemplo, cuando llegó el tiempo de construir el templo en Jerusalén, el rey Salomón contrató a los mejores constructores de Tiro para erigir esa estructura admirable.[18] Hoy día, las grandes corporaciones invierten millones de dólares para encontrar candidatos que se desempeñen bien en los requisitos específicos de cada oficio, así como asegurarse de que los nuevos empleados dediquen su tiempo y energía a hacer lo que saben hacer bien. Las investigaciones científicas permiten a las empresas descubrir los talentos de sus futuros empleados y aquellas áreas en que no tienen aptitud.

La razón por la que hacen esto es exactamente lo que la Biblia enseña: Dios ha dado a cada persona sus propios dones, habilidades, talentos, inteligencia, facilidad y demás, que le diferencian de los demás.[19] Todos somos diferentes, y las mejores empresas se aseguran de que sus trabajadores se desempeñen en aquellas áreas en las que pueden ser más útiles. Una gran cantidad de investigaciones ha demostrado que las compañías y los individuos se desempeñan mejor cuando la gente se dedica a hacer lo que sabe hacer bien y evita lo que no hace bien. Así de sencillo.

DESCÚBRASE EN LA MIRADA DE SU CREADOR

Las claves para descubrir la persona que Dios quiere que seamos se describen en el libro de Romanos, capítulo 12 y en otros lugares de la Biblia. En ese pasaje famoso encontramos pasos importantes para descubrir la voluntad de Dios para su vida:

1. *Ofrézcase a Dios para servirlo* (versículo 1). Recuerde, la Biblia dice que Dios ha invertido mucho en usted, por eso si se ofrece a Él, será usado conforme a un plan que se conforma a la manera específica en que Él lo creó. Como dijo Rick Warren en la primera frase de *Una Vida con Propósito*: «No se trata de usted». Pregúntele a Dios quién quiere que sea y qué quiere que haga. Él va a mostrárselo. Luego encomiende sus metas y su trabajo a Él. Proverbios 16:3 dice: «Pon en manos del Señor todas tus obras, y tus proyectos se cumplirán». Empiece con Dios. Él lo creó para que fuera exitoso.

2. *No se amolde al mundo exterior, no se deje cambiar su identidad* (versículo 2). Si deja que los demás, así como las presiones de la cultura, su familia o cualquier otra cosa lo amolde y convierta en alguien que no es, jamás descubrirá la persona que Dios creó en usted. El versículo dice que más bien, usted debe ser «transformado mediante la renovación de su mente». Incorpore la manera de ser y de pensar de Dios en su mentalidad como se ha discutido en este libro, y así encontrará su identidad verdadera. Recuerde que ser inconforme significa decirle no a las definiciones que los demás tienen sobre quién es usted o qué debería hacer. Tener en cuenta la opinión de las personas que lo conocen es importante, pero a veces los padres, los familiares o los amigos tratan de convertirlo en la persona que *ellos* creen que usted debería ser, en

lugar de la persona que Dios creó. No se conforme, resista las influencias y propóngase ser auténtico.

3. *No se crea mejor de lo que realmente es* (versículo 3). Nunca sabrá quién es si tiene un concepto demasiado alto de sí mismo o expectativas no realistas. Eso no significa que no deba soñar en grande. Por supuesto que sí. *Pero empiece donde esté.* Si aspira ser el director ejecutivo de la empresa está bien, pero por ahora sea el mejor empleado, después el mejor gerente, luego el mejor vicepresidente y así sucesivamente en la escalera al éxito. Nadie empieza en la cima. Sea humilde y diligente, haga lo mejor que pueda en el recorrido. Los grandes puestos vendrán como resultado de su buen desempeño en los pequeños.

Además, cuando las expectativas que tiene de sí mismo son demasiado altas, piensa que debería ser perfecto, sin fallar una sola vez. Ese es el beso de la muerte para el éxito. El éxito *siempre* incluye el fracaso a lo largo del camino. Así que no se crea perfecto ni piense que no debería cometer errores. Acepte sus imperfecciones y errores, aprenda de ellos cuando ocurran y siga adelante. No se critique demasiado porque el ruido de las críticas le impedirá descubrir quién es realmente.

4. *Use sus dones en proporción a la fe que Dios le ha dado* (versículos 6–8). Aunque no debe irse al extremo y tener expectativas demasiado altas, también tiene que usar lo que haya recibido. Examinaremos esto más adelante, pero el caso es que *nunca* descubrirá quién es si no se *atreve a intentarlo.* No se cruce de brazos. La

manera de descubrir nuestras pasiones y dones es experimentando. Salga al mundo y descubra qué dotes tiene, qué le gusta, qué le disgusta y cuál es su realidad. Sabemos después de experimentar, no antes.

5. *Acepte comentarios de consejeros y entrenadores.* Recuerde que quienes mejor se desempeñan en el mundo siempre tienen un entrenador y se apoyan en consejeros. Como nos lo dice la sabiduría de Proverbios:

> *Cuando falta el consejo, fracasan los planes;*
> *cuando abunda el consejo, prosperan.*[20]

Necesitamos de los demás, no para que nos definan sino para que vean nuestros dones y los validen. Averigüe con personas de confianza cuáles creen que son sus puntos fuertes, pero asegúrese de consultar a personas que lo conozcan bien y saben de qué hablan. Asegúrese también que no tengan sus propios planes de convertirlo en alguien que usted no es.

Pídale continuamente a Dios su guía y dirección. Recuerde que Él ha prometido dirigirlo. Me gusta como el salmista lo expresa:

> *Encamíname en tu verdad, ¡enséñame!*
> *Tú eres mi Dios y Salvador;*
> *¡en ti pongo mi esperanza todo el día!*

¿Quién es el hombre que teme al Señor?
Será instruido en el mejor de los caminos.
Tendrá una vida placentera,
y sus descendientes heredarán la tierra.[21]

Dios lo guiará hasta sus dones y talentos verdaderos mientras usted se encomienda a Él.

6. *Escuche a su corazón.* Dios nos dio a cada uno dones especí-ficos. Usted sabe qué le gusta y qué no le gusta. ¿Qué le da energía y qué lo desgasta? Fíjese muy bien. ¿Qué le hace cobrar vida? Cuanto más tiempo le dedique, mejor será. A veces no es posible que su vocación y su trabajo diario se conecten. En ese caso, puede encontrar otras maneras de expresarse aquello que más le gusta hacer. Pero hay algunos que logran convertir su pasión en una carrera. Sin importar su situación, encuentre siempre la manera de expresar su corazón, bien sea en el trabajo, en el deporte, en los pasatiempos o en el servicio a Dios y los demás. El apóstol Pablo fue fabricante de tiendas y Jesús fue carpintero, pero sabemos que pasaron una gran cantidad de tiempo cumpliendo su propósito aparte de esas ocupaciones.

Encontrar sus talentos es crucial para cumplir su propósito. Cuando usted trabaja a partir de su identidad verdadera, cuando se desempeña como la persona que es en realidad, su vida manará de lo profundo de su corazón y Dios lo guiará. Proverbios 16:9

dice: «El corazón del hombre traza su rumbo, pero sus pasos los dirige el Señor». Primero defina su corazón y sus dones verdaderos. Luego, bien sea en su vocación, su carrera, sus pasatiempos o su servicio, propóngase de corazón agradar a Dios primeramente y expresarse tal como es en realidad. Así le irá bien en todo.

LO QUE USTED UTILIZA ES LO QUE CRECE

Porque a todo el que tiene,
se le dará más, y tendrá en abundancia.
Al que no tiene se le quitará hasta lo que tiene.

—MATEO 25:29

Me imagino que uno de sus brazos es más fuerte y está más desarrollado que el otro. ¿Me equivoco? Esto se debe a que *lo usa más que el otro*. Invierte más esfuerzo en él y como resultado los músculos de ese brazo se desarrollan más. Cuanto más lo use, más fuerte será. Nada más mire las piernas de los bailarines profesionales o el antebrazo de un jugador de bolos y sabrá a qué me refiero. Lo que uno usa es lo que crece.

LA LEY DEL CRECIMIENTO POR EL USO

¿Ya se está haciendo a la idea de que Dios tuvo bien planeado el funcionamiento del universo? ¿Reconoce que existen ciertas leyes que además de gobernar asuntos como la gravedad y el movimiento también regulan nuestra vida? Leyes como la *ley de la siembra y la siega*, o la *ley de la atracción* como la hemos definido.

En el evangelio de Mateo, Jesús cuenta una parábola acerca de tres siervos a quienes les fue confiada parte de la fortuna de su señor mientras se fue a un viaje de negocios. El señor esperaba que cada uno de ellos invirtiera su dinero durante su ausencia, que lo pusiera a trabajar a fin de recibir ganancias a su regreso. Dos de los siervos invirtieron el dinero de su señor y produjeron ganancias, de tal modo que se beneficiaron de la ley del crecimiento por el uso. Ellos comprendieron que todo lo que uno invierta útilmente de sí mismo y de su vida *va a crecer*, mientras que las partes que no se usan se secan y se atrofian. El señor quedó tan complacido con sus resultados que les dio autoridad sobre más. En cambio, al tercer siervo no le fue tan bien.

LA LEY DE LA PÉRDIDA POR FALTA DE USO

Viendo al tercer hombre en la historia de Jesús, aprendemos otra ley de la vida que funciona de manera tan predecible como las otras. El viejo adagio de «úsalo o piérdelo» podría servir de colofón para la historia de los tres siervos y los talentos. Cuando fue llamado a rendir cuentas de su manejo del dinero que le había sido confiado, esto fue lo que sucedió:

«Señor» explicó, «yo sabía que usted es un hombre duro, que cosecha donde no ha sembrado y recoge donde no ha esparcido. Así que tuve miedo, y fui y escondí su dinero en la tierra. Mire, aquí tiene lo que es suyo».

Pero su señor le contestó: «¡Siervo malo y perezoso! ¿Así que sabías que cosecho donde no he sembrado y recojo donde no he esparcido? Pues debías haber depositado mi dinero en el banco, para que a mi regreso lo hubiera recibido con intereses».

Entonces el señor dio la orden: «Quítenle las mil monedas y dénselas al que tiene las diez mil».[22]

Hay algo que siempre me viene a la mente con esta historia y es que hacemos lo menos posible en las áreas donde nos sentimos menos seguros. Nos escondemos para protegernos en lugar de atrevernos e intentarlo. Pero tal vez descubramos que realmente sí tenemos algunas habilidades en esas áreas si tan solo probamos. Además, es posible que se multipliquen con el simple hecho de usarlas. Las dos personas que fueron recompensadas en la his-toria fueron aquellos que tomaron lo que les fue dado e hicieron algo con ello. Decidieron invertir ellos mismos.

> HACEMOS LO MENOS POSIBLE EN LAS ÁREAS DONDE NOS SENTIMOS MENOS SEGUROS.

En cambio, cuando tenemos miedo, hacemos lo mismo que la tercera persona. Vemos todas las cosas que pueden salir mal, pensamos que la vida va a jugarnos una mala pasada, y terminamos con más miedo todavía. Además, tendemos a culpar a otros por nuestra inactividad, a la empresa, al jefe, a la economía, al cliente, o *cualquier cosa* excepto nuestra propia falta de iniciativa y pujanza.

LA HISTORIA DE DOS HOMBRES DE NEGOCIOS

No hace mucho me topé con un hombre que había hablado mucho de hacer cambios en su trabajo y sus sueños, pero siempre parecía tener alguna excusa para no hacerlos. Nunca los emprendió ni se atrevió a intentarlo, por una u otra razón. Realmente quería hacer algo en bienes raíces y otros negocios afines, pero siempre encontraba alguna razón para mantenerse al margen, sin emprender una sola acción en años. En aquella ocasión en particular dijo: «Bueno, el problema es que no se puede hacer eso sin un montón de dinero, y no tengo suficiente para empezar».

Yo pensé *pobrecito*, y justo después de hablar con él fui invitado a almorzar con un amigo que me contó acerca de un negocio nuevo que había tenido en gestación un par de años, y era la causa de tal celebración. Resulta que ahora estaba avaluado en varios millones de dólares, y todos sus esfuerzos habían fructificado. Este es el punto interesante: mi amigo empezó el negocio estando en la quiebra. Además de no tener un solo centavo, *ni siquiera estaba en capacidad de sacar un préstamo*. Pero aparte de dinero, tampoco tenía el miedo, la pereza, las excusas, las culpas y las demás razones del otro tipo para no marchar adelante y hacer que algo sucediera. Por eso encontró un negocio, realizó diligencias, consiguió inversionistas y lo hizo funcionar. No necesitó dinero para hacer dinero. Nada más necesitó invertir su gran talento para evaluar oportunidades y armar negocios nuevos. Es mucho mejor estar en la bancarrota y tener la mentalidad correcta que ser solvente pero quedar atascado en el lodo de su propia mentalidad de víctima.

Ambos hombres eran muy inteligentes y ambos tenían un gran acceso a oportunidades, información, mercados y demás. Ambos eran capaces de llevar a cabo negocios lucrativos. La diferencia fue que uno tomó lo que tenía y procedió a actuar mientras el otro se abstuvo. El exitoso se invirtió a sí mismo en el mundo real y obtuvo resultados del mundo real.

CÓMO HACER QUE FUNCIONE

Esta ley se cumple en cualquier área de la vida. Si quiere que una relación funcione, inviértase usted mismo en ella y crecerá. Si no se invierte a sí mismo en la relación, no crecerá. Así de simple. No se queje de la otra persona, encárguese del crecimiento que pueda fomentar de su lado, y la relación sentirá el efecto. Si quiere que a sus hijos les vaya bien, inviértase usted mismo en ellos y los resultados se verán.

Para encontrar su propósito en la vida y determinar cómo servirá a Dios y la humanidad, tiene que hacer lo mismo. Deje de fantasear, desentierre su talento y póngalo a trabajar. Si lo hace, la ley de multiplicación entrará en acción y hará crecer las cosas.

La magia de la multiplicación

La inversión no opera como una simple suma, es un asunto multiplicativo. Cuando usted pone a trabajar su dinero y reinvierte las ganancias y los dividendos, se beneficia del poder del interés compuesto. Es lo mismo que sucede cuando usa sus talentos y habilidades. Primero decide participar activamente en algo, así es como se le presentan oportunidades mejores y más grandes que le reportarán mayores ganancias. Pero todo empieza cuando usted da ese primer paso y se atreve a intentarlo.

¿Cuál es el primer paso para usted?

Un día hablé con alguien del asunto durante un vuelo, y me contó la historia de su suegra, quien según él era un ejemplo vivo de dar el paso al frente, desenterrar un talento y verlo multiplicarse. Dijo que ella se había convertido en actriz a los ochenta años. Siempre había querido hacerlo, y por fin lo logró. Poco a poco empezó a recibir papeles cada vez más grandes y como resultado de su arrojo ha salido en muchas películas y programas de televisión, en una época de la vida cuando la mayoría se habrían dado por vencidos. Qué ejemplo tan magnífico de la ley de multiplicación. Ella no dejó que las excusas o lo que pudiera considerarse descabellado la detuvieran. Simplemente dio el primer paso y lo hizo.

Quítese la idea de que tiene que conquistar el mundo con su primer paso, nada más dé un paso pequeño. Nadie le está pidiendo que cambie de carrera, se mude a California y se convierta en actor de la noche a la mañana. Pero si tiene una vocación, ¿por qué no llama al centro educativo de su localidad y toma una clase? ¿Por qué no consigue un entrenador y trata de aprender aquel deporte que siempre ha soñado jugar? Los sueños grandes no se vuelven realidad dando pasos grandes, sino dando un millón de pasos pequeñitos. ¿Cómo se devora un elefante? Un bocado a la vez. ¿Cómo se desarrolla una carrera? Desenterrando sus talentos y dando un paso a la vez. ¿Cómo se desarrolla una afición de una manera satisfactoria? Con una leccioncita a la vez, una clasecita a la vez, un intento a la vez, por pequeño que sea. Use lo que tiene y verá que se multiplicará.

Todo lo que usted usa, crece. Lo que no usa, lo pierde. Su propósito lo aguarda.

LOS ESFUERZOS DE TODO CORAZÓN PRODUCEN RESULTADOS PALPABLES

Todo lo que emprendió para el servicio del templo de Dios,
lo hizo de todo corazón, de acuerdo con la ley
y el mandamiento de buscar a Dios, y tuvo éxito.
—2 CRÓNICAS 31:21

Cuando el cocinero dijo que ese día habría tocino y huevos en el menú, el pollo y el cerdo tuvieron reacciones muy distintas. «No creo que lo entiendas» le dijo el cerdo al pollo, «esto implica para mí un nivel de compromiso totalmente diferente». Es muy cierto. El cerdo tuvo que darlo todo para hacer realidad el menú del día.

¿Puede ponerse a pensar en cuál es su propia combinación de «tocino y huevos»? ¿En qué situaciones es usted el cerdo? ¿Qué cosas en su vida requieren que lo haga «de todo corazón»? ¿Hay algo en lo que quiera tener tanto éxito que está dispuesto a lanzarse del todo? De eso se trata este secreto. Las cosas en las que queremos triunfar requieren nuestro compromiso total. Si no lo damos fracasarán o no alcanzarán su máximo potencial. Esto es cierto en nuestras relaciones, nuestras carreras y negocios, nuestro crecimiento espiritual y más importante, en nuestra relación con

Dios. Donde invirtamos el mayor esfuerzo, allí veremos resultados concretos.

LOS GRANDES ESFUERZOS COSECHAN LA TOTALIDAD DEL FRUTO

Tengo un amigo que es un cirujano vascular de mucho renombre. Es un líder en su campo profesional y uno de esos que no solamente practica las técnicas más avanzadas, sino que las introduce y desarrolla. Es uno de esos cirujanos que realiza procedimientos tan avezados como sacar toda la sangre del cuerpo, bajar la temperatura para suspender el metabolismo del paciente, reparar los vasos sanguíneos, volver a inyectar la sangre y subirle otra vez la temperatura al paciente. Hace cosas que uno ni se imagina, desde «antes que se pusieran de moda» como diría la gente. Le ha ido muy bien en su profesión, como usted ya se habrá percatado. Fue compañero mío en la universidad, y recuerdo cuando decidió que iba a ser doctor. Fue un remolino de esos que tienen los que hacen las cosas de todo corazón.

Había iniciado la carrera de negocios, pero en su segundo año decidió empezar otra vez en medicina. Cuando lo hizo, emprendió sus estudios con todo el entusiasmo del mundo. Se levantaba todos los días a las cinco de la madrugada, se adelantaba en las materias de ciencias, hacía tarjetas para memorizar ecuaciones de química orgánica, y leía libros hasta bien entrada la noche mientras otros estudiantes iban a fiestas. En el verano conseguía trabajos en hospitales para aumentar sus credenciales a fin de ser admitido a la facultad de medicina. Leía sobre temas médicos avanzados en su tiempo libre, y todo lo demás. Se notaba que lo hacía de todo corazón, y el fruto de la integridad de su compromiso y la totalidad de su esfuerzo es evidente hoy día.

LA CHISPA DIVINA EN USTED

Hay un montón de cosas lindas que tenemos por haber sido creados a imagen de Dios.[23] Una de ellas es que Él nos ha transmitido la capacidad de querer ciertas cosas y hacerlas realidad. Yo diría que es algo asombroso. Algo que distingue a Dios es que todo lo que Él «tiene a voluntad» o desea, sucede en últimas. ¿A qué se debe eso? Además del hecho de que Él tiene la *capacidad* para hacerlo suceder, es porque lo quiere de todo corazón. No vemos ni una sola cosa inacabada flotando por el universo porque «la dejó para después» o «su corazón no estaba en ello». Lo que Él desea, lo desea con todo su ser, y así es como lo hace realidad. Este es el secreto: aunque usted no tiene que ser omnipotente como Dios, sí tiene la capacidad de hacer que sucedan cosas, cuando es conforme a su voluntad y pone todo su corazón en ellas. Esto se debe a que usted «participa de la naturaleza divina de Dios».

En cambio, si usted persigue las cosas a medias, con desgano y no de todo corazón, no va a llegar muy lejos.

RESULTADOS MEDIOCRES

Recibí una llamada en el programa radial de una mujer que trataba de decidir si iba a quedarse con su novio. Dijo que la relación era «seria» y que tenían pensado casarse. También dijo que lo amaba mucho y habían estado juntos un par de años. Cuando le pregunté cuál era el problema, me dijo que se enteró de que él la había engañado y no sentía que ya fuera una prioridad para él. Ella sentía que a él le importaba más su trabajo que ella, y estaba decepcionada porque quería recibir más que lo que él le daba.

Luego dijo algo que me pareció muy interesante:

«Pero yo sé que él sí me quiere».

No tenía ningún argumento contra eso, pero quise decirle algo porque sabía que era cierto:

> SI USTED PERSIGUE LAS COSAS A MEDIAS, CON DESGANO Y NO DE TODO CORAZÓN, NO VA A LLEGAR MUY LEJOS.

«Tal vez sí la quiera, pero ¿acaso usted no quiere tener a alguien que la ame de todo corazón?»

En ese momento ella lo entendió. Se dio cuenta de que estaba recibiendo un amor «a medias» y que jamás sería suficiente. Entonces decidió dejarlo. ¿Por qué? Porque los resultados mediocres nunca satisfacen.

Otra mujer llamó al programa; luchaba porque no sabía si podría confiar en su esposo después que una adicción sexual había arruinado su relación. Él decía que no iba a hacerlo más, que lo lamentaba y que iba a estar totalmente comprometido con ella y su propia recuperación. Pero el dilema de la mujer era otro.

«¿Cómo puedo saber si debo o no confiar en él? Quiero tenerle confianza, pero ¿cómo puedo estar segura?», dijo.

Le dije que no le convenía vivir con un dilema de esa magnitud, debatiéndose entre sí y no en una situación inestable que les iba a hacer más daño que bien.

Entonces le pregunté:

«¿Usted cree que el campeón de fútbol americano Peyton Manning tiene que convencer a la gente con palabras para que le tengan confianza como jugador? No, por supuesto que no. La gente le tiene confianza porque lo ven jugar, y así mismo debería ser con su esposo». Lo que ella necesitaba ver en él era integridad de corazón en su búsqueda de la recuperación y la restauración. Así que continué: «Mire, esto es más sencillo de lo que parece. Si él quiere recuperarse de todo corazón, usted no tiene por qué ponerse a debatirlo en su cabeza. Lo va a ver con sus propios ojos. Él va a ir a sus reuniones, se someterá a consejería, lidiará con sus problemas, procurará un estilo de vida saludable, buscará a Dios por su cuenta y demás. Su esposo va a estar tan hambriento de mejorar su vida que usted no tendrá que empujarlo, regañarlo, dudar de su progreso ni nada por el estilo. Va a ser como una máquina en buen funcionamiento, yendo en pos de la recuperación de todo corazón. Si ve todo ese remolino de actividad para mejorar y restablecer una relación con usted, ¿qué dilemas tendrá que resolver? Usted lo sabrá. Lo verá por sí misma. La entereza de corazón será evidencia más que suficiente».

Además, yo sé que si él busca la recuperación de todo corazón, la encontrará: «Pidan, y se les dará; busquen, y encontrarán; llamen, y se les abrirá».[24] Pero los esfuerzos a medias no llevan a ninguna parte.

Por eso, si va en pos de lo que quiere con un «corazón mixto», obtendrá resultados mixtos. Cuando usted no se mete de todo corazón en algo, empieza y se detiene, retrocede con cada obstáculo, no invierte los recursos necesarios, baja la velocidad cuando le da miedo o las cosas se ponen difíciles, y casi nunca se gana la confianza de quienes necesita como aliados. Si realmente quiere algo y está dispuesto a tenerlo como sea, asegúrese de buscarlo con todo su ser.

CÓMO FUNCIONA TODO ESTO

Dios está en el centro del asunto. Me encanta la descripción anterior de Ezequías que dice: «Todo lo que emprendió... lo hizo de todo corazón, de acuerdo con la ley y el mandamiento de buscar a Dios, y tuvo éxito».[25] Los rieles en su ferrocarril del éxito y la prosperidad fueron: (1) buscar a Dios de todo corazón, y (2) realizar el trabajo de todo corazón, en todo lo que emprendió. Si usted hace ambas cosas, va rumbo al éxito.

Para tener buenos resultados en su relación con Dios, con los demás, con un cónyuge o un familiar, tiene que poner su corazón en el asunto. Todo su corazón. *Así es como esto funciona.* Para obtener grandes resultados en un deporte, un negocio, un talento o en la recuperación de una adicción o un problema emocional, va a tener que echarle ganas y poner su corazón en el asunto. Todo su corazón. *Sólo así funcionará.*

Los «grandes» en la vida se entregan totalmente para convertirse en el tocino del menú del día. Los grandes atletas practican de tal manera que se entregan por completo a su deporte. Los que tienen familias ejemplares no se ponen a jugar al papá y la mamá ni al esposo y la esposa. Se entregan totalmente a la relación familiar. Así es como funciona. Y lo mejor de todo es que *sí funciona.*

Qué impide su funcionamiento

Si emprender las cosas de todo corazón trae el éxito, ¿por qué no lo hacemos? Estas son algunas razones que quizá necesite considerar:

- *Miedo al fracaso.* Quiere ganar pero tiene miedo de fallar, así que retrocede.

- *Heridas del pasado que bloquean su pasión.* Lleva por todas partes un dolor viejo y no se siente con energías para ir en pos de algo nuevo.

- *Desánimo que proviene del pasado.* Ha perdido antes y se siente derrotado antes de empezar, de tal modo que no tiene disponible todo su corazón.

- *Motivos mezclados.* Quiere la meta, pero por otra razón aparte de la meta misma; su corazón no está puesto realmente en la búsqueda genuina sino en el dinero, la fama, la posición u otro motivo que no es puro.

- *Conflicto en cuanto a la meta.* Lo quiere, pero también quiere algo adicional, o se debate entre quererlo y no quererlo.

- *Control de otra persona.* Usted quiere lograr su meta, pero se rinde porque hay otra persona que tiene control sobre su tiempo y energía.

- *No se siente adecuado.* Su falta de confianza en sí mismo ocasiona tanta duda que no puede avanzar de todo corazón.

- *Deseos incompatibles.* Por ejemplo, quiere casarse y tener familia al mismo tiempo que quiere tener libertad máxima y control total de su tiempo y recursos.

- *Pasiones indefinidas.* Nunca ha descubierto su vocación real, por la que estaría dispuesto a entregarse totalmente.

Si se reconoce en cualquiera de los escenarios anteriores, preséntese delante de Dios y varias personas de confianza, y llegue hasta el fondo de sus impedimentos para alcanzar el éxito. Entréguese por completo a Dios y a la realización de sus sueños, y el poder de ambos hará su corazón como el de Ezequías o el de Salomón cuando construyó el templo. Dios bendice a los de corazón íntegro.

LA DETERMINACIÓN DE UNA MUJER

Jesús contó la parábola de una mujer que buscó justicia de todo corazón y nos da ejemplo de cómo acercarnos a Dios.

Les dijo: «Había en cierto pueblo un juez que no tenía temor de Dios ni consideración de nadie. En el mismo pueblo había una viuda que insistía en pedirle: "Hágame usted justicia contra mi adversario". Durante algún tiempo él se negó, pero por fin concluyó: "Aunque no temo a Dios ni tengo consideración de nadie, como esta viuda no deja de molestarme, voy a tener que hacerle justicia, no sea que con sus visitas me hagan la vida imposible"».[26]

La mujer puso todo su corazón en conseguir lo que necesitaba del juez. Con persistencia y diligencia le presentó su caso hasta que él por fin le dio lo que quería, nada más para quitársela de encima. Hacerle la vida imposible a la gente no es nuestra única herramienta para obtener lo que necesitamos, pero es evidente que la persistencia de esta mujer fue ponderada por Jesús.

Entonces, ¿cuál es su determinación? ¿Qué quiere con tal ahínco que esté dispuesto a ser como aquella mujer? ¿O como mi amigo el cirujano? Si es algo que no le impide mantener a Dios en el centro de su vida y lo busca de todo corazón, nadie tendrá que adivinar si le puede ser confiado. Ni siquiera Dios.

Concluimos con los secretos más poderosos de todos, los secretos acerca de Dios mismo. Ya lo hemos visto en cada página de este libro, y ahora vamos a mirarlo más de cerca. Este Dios, quien lo creó además de al universo entero, siente una profunda atracción hacia usted. Mejor dicho, está tan interesado en usted que literalmente salió del cielo para volverse uno de nosotros.

Él quiere relacionarse con nosotros de una manera real e íntima, y para hacerlo nos ha contado algunos secretos suyos para que podamos sentirlo a Él, además de la vida, según el propósito y plan original.

El Dios del universo quiere una relación personal con usted

Señor, tú me examinas, tú me conoces.

Sabes cuándo me siento y cuándo me levanto;

aun a la distancia me lees el pensamiento.

Mis trajines y descansos los conoces;

todos mis caminos te son familiares.

No me llega aún la palabra a la lengua

cuando tú, Señor, ya la sabes toda.

—Salmo 139:1–4

John Gottman es uno de los investigadores más destacados en el campo de las relaciones matrimoniales y las relaciones personales.

Ha grabado en videocinta miles de horas de interacción entre parejas en su laboratorio, y como resultado ha cuantificado los ingredientes que conducen a matrimonios duraderos y los que llevan al divorcio. Según su investigación, que consiste en observar de cerca la interacción de cada pareja, él puede predecir cuáles terminarán divorciadas con una precisión del 91 por ciento. Es increíble, pero al ver en qué se basa para hacer sus predicciones, tiene mucho sentido.

El investigador aclara que las parejas que observa no se ponen a hablar de sus problemas emocionales ni abordan temas de gran importancia, sino que sostienen charlas que más bien parecen insignificantes. Esto es lo que dice:

> Cualquiera pensaría que me resulta muy aburrido ver horas y horas de escenas triviales, pero es todo lo contrario. Cuando las parejas sostienen pláticas triviales y hasta insulsas, puedo estar bastante seguro de que vivirán felizmente casados. Lo que sucede realmente en esos intercambios breves es que el esposo y la esposa se conectan y establecen contacto visual. En las parejas que terminan divorciándose o viven juntos pero son infelices, tales conexiones momentáneas ocurren muy rara vez. Con frecuencia la esposa no aparta la mirada de su revista, y si acaso lo hace el esposo no reconoce lo que ella le dice.[1]

No es en las experiencias sublimes donde se cimientan las relaciones duraderas, sino en la conexión cotidiana donde se comparte realmente una vida común. Esa es una de las claves para la estabilidad en las relaciones de cualquier tipo.

Y *es exactamente lo que Dios quiere de nosotros.* Él puede crear todas las experiencias sublimes que desee tener con nosotros, y a veces lo hace. La mayoría de los creyentes pueden señalar uno o dos momentos de su vida en los que tuvieron algún encuentro extraordinario con Dios, pero todos le dirán que son excepciones a la norma. El resto de su relación con Dios se construye a base de conexiones cotidianas, día tras día, como las que se establecen con las pláticas triviales que Gottman observa en los matrimonios saludables. A medida que usted comparte con Dios las cosas que haya en su corazón y en su mente, crecerá en una relación cada vez más profunda y cercana con Él.

EL CREADOR LE HA «ECHADO EL OJO»

Qué concepto tan asombroso. El Creador del universo quiere una relación íntima con usted. La desea. Él quiere que usted lo haga partícipe de todos sus pensamientos, sentimientos, ansiedades, sueños, temores y demás. Lea este puñado de citas que expresan lo que Dios siente respecto a usted.

Él lo conoce. El pasaje del Salmo 139 citado al comienzo de esta sección dice que Dios vive enfocado en usted. Él conoce cada detalle de su vida. Está pendiente de cuando se sienta y se levanta, de sus salidas y su hora de acostarse. Todo lo que usted hace, sea grande o pequeño, a Él le interesa.

Él lo cuida. En la carta Primera de Pedro leemos: «Depositen en él toda ansiedad, porque él cuida de ustedes»,[2] y el salmista dice: «Echa sobre Jehová tu carga, y él te sustentará».[3]

Él quiere que lo llame «Abba». Creo que este es uno de mis versículos favoritos sobre el amor de Dios por nosotros, ya que *Abba* se traduce «Papito». No es el título formal de Padre, ni siquiera Papá, sino un apelativo muy cariñoso e íntimo.[4] Dios es un papá que quiere que usted lo tenga en cuenta para todo y le traiga todas sus cuitas, para que su relación mutua sea la más íntima en su vida, porque Él lo conoce por dentro y por fuera y usted le interesa infinitamente.

Él quiere que permanezca en Él. Esto significa ser uno con Él, en una relación íntima de amor como la tuvo Jesús con Dios: «Así como el Padre me ha amado a mí, también yo los he amado a ustedes. Permanezcan en mi amor».[5] La palabra griega que se traduce «permanezcan» significa «morar» o «habitar». No se trata de un chequeo semanal cada domingo, ni de llamarlo de emergencia cuando necesitemos su ayuda. Es vivir con Él, estar con Él todo el tiempo. Esa es la clase de relación que Dios quiere tener con nosotros.

LA ATRACCIÓN DE DIOS HACIA NOSOTROS

El Dios de la Biblia no es un juez lejano ni un ser omnipotente distante e iracundo. Es un padre que quiere que usted se sienta en libertad de presentarle todos sus asuntos y que tenga una relación más íntima con Él que con cualquier otra persona en su vida.

Estaríamos de acuerdo con *El Secreto* en que existe una atracción poderosa en el universo, pero la atracción tratada en ese libro es con un universo impersonal, sin sentimientos. Usted no le importa realmente al universo, al igual que todo lo demás le tiene sin cuidado. Simplemente existe. Se parece al concepto de «la Fuerza» en *La guerra de las galaxias*, pero hasta esa fuerza era algo que podía entablar una relación con una persona. Cuando se trata de un universo impersonal, ninguna relación es posible.

HÁBLELE DE SUS FRUSTRACIONES O DE LAS COSAS QUE LE PARECEN CHISTOSAS.

En cambio, el Dios de la Biblia es *muy* personal y *anhela* estar con nosotros. Así que esté con Él. Hable con Él en el transcurso de cada día. Háblele de lo que esté pensando, sintiendo, queriendo o no queriendo. Háblele de sus frustraciones o de las cosas que le parecen chistosas. Háblele cuando tenga miedo o trate de averiguar cómo funciona algo. Cada vez que noto algo acerca de la vida, una persona, una situación o yo mismo, que me deja perplejo, una de las cosas que más me gusta decir es: «Dios, ayúdame con eso» o

«Dios, muéstrame más de aquello». Entonces, dejo el asunto en paz, y muchas veces, unas más tarde que otras, la respuesta viene.

Permanezca en Él, pues es la única manera de mantener una buena relación, y sepa que esta relación viene respaldada por una gran promesa de Jesús:

Si permanecen en mí y mis palabras permanecen en ustedes,
pidan lo que quieran, y se les concederá.[6]

Cuanto más seamos «uno» con Él, su voluntad y la nuestra estarán cada vez más unidas. A medida que eso sucede, las cosas que queremos serán las cosas que Él quiere para nosotros, y se harán realidad.

Responda al deseo de intimidad que Dios siente hacia usted. Le va a encantar.

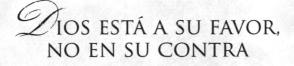

DIOS ESTÁ A SU FAVOR, NO EN SU CONTRA

Se deleitará en ti con gozo,
te renovará con su amor,
se alegrará por ti con cantos.
—SOFONÍAS 3:17

¿Sabía que Dios se pone feliz cuando a usted le va bien? Así como un padre quiere que sus hijos salgan adelante, Dios también quiere que usted progrese. A propósito, esta es una de las razones por las que el secreto de confiar en Él tiene tanto sentido. Para que confíe en Él y realmente dependa de Él para sus sueños, usted necesita creer que *Dios está de su parte, no en su contra,* y que realmente *quiere* cosas buenas para usted.

UNA NUEVA PERSPECTIVA

La investigación muestra que el éxito de la gente depende en gran medida de su *perspectiva,* su manera de ver el mundo. También depende de su manera de ver a Dios. Tan solo mire alrededor para confirmarlo. La gente que cree que Dios está a favor de ellos da pasos firmes hacia sus metas y sueños, mientras que aquellos que piensan que Dios o la vida están en su contra se aguantan, siempre temerosos de dar el siguiente paso, incapaces de avanzar.

UNA NUEVA CLASE DE MAÑANA

¿Alguna vez ha sentido como si trabajara contra el sistema? Por ejemplo, tal vez esté tratando de pasar al próximo nivel en su trabajo o en su empresa, y parece que en cada esquina algún obstáculo se le cruza en el camino y no puede avanzar. O tal vez tuvo un maestro o un entrenador que siempre parecía estar molesto con usted.

A algunos les parece que la vida de algún modo está alineada contra ellos, esperándolos en cada esquina para asegurarse de que no se materialicen las cosas buenas. Quizá pueda identificarse con alguna de estas situaciones:

- Estaba realmente interesado en alguien con quien salía, pero esa persona terminó la relación y usted empezó a sentir algo similar a esto: «Nunca tendré una buena relación. Eso les tocará a otros, pero no a mí».

- Se ha estancado en un asunto emocional, una conducta problemática o una adicción por bastante tiempo, y siente que nunca va a mejorar.

- Tiene una meta o un sueño que quiere ver materializado, pero por alguna razón, sin importar cuánto lo intente, nada sale bien.

Hay muchas razones por las que la gente queda enmarañada en esta manera de pensar. A veces las experiencias de su vida les enseñan que esperar algo bueno no es más que fantasía. Sus sue-ños nunca se hicieron realidad en el pasado, por eso no creen que mañana sea diferente. *Quieren* una vida diferente pero tienen di-ficultad para creer que pueda hacerse realidad algún día. Eso es comprensible, *a menos que, exista Alguien muy poderoso que desee también su éxito.* Alguien que tenga el deseo y la capacidad de hacerlo realidad para usted.

Esto es exactamente lo que la Biblia dice que sucede con aque-llos que tienen una relación con Dios. Él está de su lado, y quiere que le sucedan cosas buenas, además, tiene el poder suficiente para ayudarlo.

Cuando usted se dé cuenta de que Dios está de su parte, podrá superar cualquier obstáculo o fracaso. Dependerá de Él incluso cuando parezca que todo está perdido o que todos los demás están en su contra.

Necesita saber que no es la única persona que quiere cosas buenas para su vida. Dios las quiere aun más que usted. Él nunca hará algo para perjudicarlo, todo lo que hace es para ayudarlo y por su bien.[7]

DIOS QUIERE QUE TRIUNFE

Dos cosas para las cuales Dios lo creó especialmente bien son: *amar a los demás* y usar los *talentos* y *habilidades* que le dio para llevar a cabo sus propósitos. Si Él se esmeró tanto en crearlo de ese modo, es porque quiere que tenga éxito en estas áreas. Es su propio diseño, y Él nunca tiene conflictos de interés en lo que hace.

Todos deseamos relacionarnos bien y usar nuestros talentos y habilidades para contribuir al progreso. Dios nos ha dado suficientes oportunidades para hacer ambas cosas. Nos ha provisto de relaciones personales de todo tipo en las cuales podemos amarnos y servirnos unos a otros, y también nos ha delegado la dirección del planeta entero. Cuando usamos el amor y los talentos que Él puso en nosotros de formas significativas, sus propósitos se cumplen. Lo que Él nos ha dado puede producir toda variedad de fruto: espiritual, material, social, etc.

La Biblia nos llama específicamente «hechura de Dios»:

> *Porque somos hechura de Dios,*
> *creados en Cristo Jesús para buenas obras,*
> *las cuales Dios dispuso de antemano*
> *a fin de que las pongamos en práctica.*[8]

Hechura significa «el producto de un artesano hábil». Es decir, usted fue hecho a mano por Dios mismo, el hábil artesano quien lo creó para sus propósitos específicos. Así que cuando quiera tener éxito en las cosas que compaginan con los propósitos de Dios para usted, puede tener plena seguridad de que sus deseos no son caprichos y antojos infundados sino planes que Dios mismo creó.

Si el dueño de un equipo de la NFL recluta un futbolista nuevo, es porque *quiere que ese jugador tenga éxito*. Si usted está en el equipo de Dios, Él también quiere que usted triunfe. Dios no lo creó para que fuera un fracaso. Él desea su éxito tanto que participa activamente y lo ayuda a realizarse. Si se deleita en Él, Dios quiere darle lo que usted desea:

> *Deléitate en el Señor,*
> *y él te concederá los deseos de tu corazón.*[9]

Mucha gente siente que Dios los mira de soslayo por tener sueños y deseos, y que no moverá un dedo para ayudarlos. Esto no es cierto. Dios *anhela* conceder los deseos de nuestros corazones cuando vivimos de acuerdo con su voluntad. Si quiere triunfar en algún área, sepa que Dios está de su parte.

¿QUÉ SIGNIFICA CUANDO NO FUNCIONA?

¿Qué tal si usted realmente está tratando de vivir conforme a la voluntad de Dios y camina en una relación personal con Él, pero sus sueños siguen sin hacerse realidad? ¿Significa que Dios realmente no está de su parte, al fin de cuentas? ¿O que tal vez no tenga poder suficiente para ayudarlo? No, ninguna de las dos cosas. Estas son algunas de las posibilidades:

A veces queremos lo que no es mejor para nosotros. Tal vez pensemos que estamos haciendo «la voluntad de Dios», pero en realidad queremos algo que podría hacernos daño. Si usted es un padre, sabe que hay cosas que sus hijos quieren y no son lo mejor para ellos, por eso les dice que no, porque usted está de su parte. La *no* concesión del deseo es lo mejor que puede hacer por ellos. A veces la razón de que no funcionen las cosas como queremos es porque Dios nos quiere demasiado como para darnos lo que queremos.

Tal vez no estamos listos para lo que pedimos. Es posible que no recibamos exactamente lo que queremos cuando lo queremos porque todavía no hemos alcanzado cierto nivel de crecimiento. Puede ser que no estamos listos para manejar el éxito en esa área. Las relaciones de noviazgo o salidas románticas son un buen ejemplo de esto. Puede que se necesite un par de relaciones dolorosas para que la gente entienda quiénes son realmente o el tipo de persona que necesitan encontrar para tener una relación duradera. O los comienzos en falso que experimentamos en nuestra carrera pueden ser los pasos de entrenamiento que Dios usa para encaminarnos a la meta.

A veces otros usan su libre albedrío para perjudicarnos. Hay gente mala que puede hacernos daño y descarrilarnos de nuestro destino propuesto o impedirnos lograr lo que nos proponemos. No es por intervención de Dios, sino de la gente. Cada uno de nosotros, usted, yo, todo el mundo, tiene libertad de elección para hacer el bien o el mal, para perjudicar a otros o para ser amable, para mentir, para cuidar, para robar o para hacer daño. Tenga plena seguridad de que a Dios le duele cuando alguien le causa dolor, pero Dios no puede ser culpado de ello más de lo que pueda culparse a unos padres porque un compañerito en la escuela le pegó a su hijo. Cuando damos libertad a nuestros hijos, ellos a veces se lastiman. Aunque los padres no tienen la culpa, siempre están ahí para ayudar cuando el hijo sufre algún daño.

Nuestros deseos pueden tener motivos errados. Si nuestra meta es simplemente henchir nuestro ego, alimentar nuestro materialismo o codicia, entonces es probable que Dios no vaya a contribuir para enfermarnos más de lo que estamos. Como dice Santiago, a veces pedimos pero no recibimos porque pedimos con malas intenciones, para satisfacer nuestras propias pasiones.[10]

A veces sencillamente no pedimos. Dios quiere darnos buenos regalos, pero también quiere que se los pidamos. Santiago nos habla de nuevo: «No tienen porque no piden».[11]

No obstante, así los resultados no sean tal y como los deseamos, Dios siempre está al alcance y a nuestro favor. Él no es un hada madrina como algunos quieren hacernos creer. Tampoco es el encargado de hacer las entregas a domicilio de todo lo que queremos. La Biblia no habla de un universo que nos suministra lo que queramos con tal de emitir los pensamientos correctos. Habla de un Dios que, como cualquier buen padre o madre, concede algunos de nuestros deseos pero no todos. A veces los padres requieren que los hijos renuncien a lo que quieren por el bien de la familia. A veces los padres quieren que el hijo trabaje en lugar de jugar, y sin importar cuánto lo desee el hijo, el padre amoroso a veces dice: «Hoy no se trata de ti. Hoy vas a ser parte de un plan mayor». Pero el buen padre siempre tiene una buena razón y un plan que en últimas va a ser de beneficio para sus hijos.

Nuestro Padre Dios es el padre más perfecto de todos. Puede confiar que Él siempre estará con usted.

Recuerde siempre esta verdad y viva conforme a ella:

Si Dios está de nuestra parte,
¿quién puede estar en contra nuestra?[12]

DIOS NO QUIERE SUS SENTIMIENTOS DE CULPA

¿Son sus pecados como escarlata?
¡Quedarán blancos como la nieve!
¿Son rojos como la púrpura?
¡Quedarán como la lana!

—ISAÍAS 1:18

Para muchas personas, Dios y la culpa van de la mano. Bien sea por su trasfondo religioso, su iglesia o sus propias ideas acerca de Dios, asocian ambos conceptos en su mente. Por eso cada vez que piensan en Dios sienten una especie de culpa o vergüenza, como si Él no estuviera complacido con ellos, como si tuvieran que mejorar su desempeño para ganarse su favor.

¿REALMENTE LA CULPA NOS MOTIVA A MEJORAR?

Algunos tienen confusión en cuanto a la culpa. Creen que es algo bueno, que de algún modo los motiva a mejorar. Por eso, cada vez que hacen algo malo o no viven a la altura de lo que Dios o los demás esperan de ellos, ven la culpa como la motivación que les hará dar un giro total y cambiar su conducta. Creen que si se sienten lo bastante mal acerca de algo, cambiarán. Tristemente, no solo aplican esta teoría a sí mismos sino a los demás. Con frecuencia harán que una persona se sienta mal, esperando cambiar su conducta. Es la vieja táctica de «mandarlos a vivir con el perro».

La realidad, sin embargo, es que la culpa no funciona así de bien. Más importante que eso, Dios no quiere que usted se sienta culpable. De hecho, no quiere eso con tal vehemencia que *murió en la cruz para perdonarlo de cualquier cosa que haya hecho o hará*

LA REALIDAD, SIN EMBARGO, ES QUE LA CULPA NO FUNCIONA ASÍ DE BIEN.

para que usted nunca más tenga que sufrir por sentimientos de culpabilidad. Como dice el versículo que introduce esta sección, Dios quiere que usted se sienta blanco como la nieve, sin una sola mancha de culpa en su alma. Él sabe que las personas que no viven bajo el peso de la culpa y la vergüenza son libres para ser lo mejor que puedan ser.

Además de eso, la culpa es realmente un estorbo a sus esfuerzos de mejorar. No lo cambia a largo plazo, nada más lo retrasa. Su cónyuge que se siente culpable no va a convertirse en un esposo o esposa más amoroso porque usted lo hizo sentirse mal. La culpa que siente un adicto jamás rompe el ciclo, más bien lo empuja a otro episodio para escapar de lo mal que se siente. La culpa es parte del problema, no de la solución.

La respuesta es simple: perdón total. Sin condiciones, sin hacer nada para merecerlo aparte de aceptarlo. Ese es el perdón que Dios provee, sin importar qué haya oído al respecto. Esa clase de perdón conduce a la libertad de su pasado y de todos sus fracasos, y lo hace libre para vivir a un futuro muy distinto.

NOCIONES ERRADAS ACERCA DE DIOS

Una mañana me disponía a ir a la iglesia en mi auto cuando una vecina se detuvo a preguntarme para dónde iba.

«Voy a la iglesia, ¿quiere venir?», le dije.

«¿Habla en serio?», me dijo. «¡Ni loca!»

«¿Por qué no?», pregunté.

«No puedo con más culpa. Ya tengo de sobra con la mía, sin ayuda de la iglesia».

«No hay problema» le dije, «pero me encantaría oír más acerca de eso».

Tan pronto se despidió supe que estaba realmente convencida de sus razones para rechazar mi invitación.

Mientras conducía a la iglesia me puse a pensar en algo: ¿cómo es posible que la institución inaugurada por Jesús, quien afirmó haber venido a la tierra para abolir la culpa, se haya convertido en el supermercado de la culpa? ¿Cómo pudo suceder eso? ¿Por qué la gente siente que una relación con Dios incluye automáticamente los sentimientos de culpa? El propósito de Jesús no podría estar más lejos de esta impresión:

Pues no vine a juzgar al mundo sino a salvarlo…
Dios no envió a su Hijo al mundo para condenar al mundo,
sino para salvarlo por medio de él.[13]

Hay dos principios en ese versículo que usted necesita interiorizar. El primero es que Jesús no vino a pronunciarlo culpable, juzgarlo ni condenarlo. Esa no fue su meta. Él vino a ofrecerle su perdón, exactamente lo opuesto de la culpa. Cada vez que Él se relaciona con usted, así es como lo mira si realmente lo ha aceptado como Salvador. Cada vez, sin excepciones.

El segundo tiene que ver con el concepto de *salvar*. Sabemos que Él vino para salvarnos del castigo, la separación de Dios y el infierno. Pero hay más todavía. La palabra que se traduce aquí *salvar* significa «sanar», «restaurar», «volver íntegro». Escúchelo nuevamente: «No vine a hacerlos sentir mal por sus fracasos. Vine para ayudarlos a vencerlos y superarlos. Vine a sanar todo lo quebrantado que los hace tropezar y caer, no para avergonzarlos por eso».

LA VERDAD ACERCA DE DIOS

Pregunta: ¿Por qué alguien *no* quisiera acudir corriendo a un Dios que ofrece al 100 por ciento perdón y aceptación y nos ayuda a vencer nuestros fracasos? Son muchas las razones, por ejemplo, que le digan a uno que Él *no* nos acepta ni nos perdona, o que uno tiene que cumplir un montón de requisitos antes de ser perdonado. Estas nociones erróneas se enseñan todos los días en iglesias y vecindarios de todo el mundo, tal como sucedió en tiempos bíblicos. De hecho, gran parte del Nuevo Testamento se escribió para combatir la idea de que Dios requiere desempeño. La gente no puede creer la verdad acerca de Dios, que Él ofrece su perdón a todos los que quieran recibirlo. Pero es cierto:

> *Todo el que cree en él recibe,*
> *por medio de su nombre, el perdón de los pecados.*[14]

> *Por lo tanto, ya no hay ninguna condenación*
> *para los que están unidos a Cristo Jesús.*[15]

«Ninguna condenación». Nada. Cero. Si cree en Él como Salvador, su culpa desaparecerá para siempre. Aunque le resulte difícil creerlo, es cierto. Es lo que la Biblia dice una y otra vez. La misión de Dios cuando vino a la tierra fue pronunciarlo «no culpable».

¿Por qué quiere Dios que estemos libres de culpa?

Bueno, primero que todo porque *nos ama* y *quiere reconciliarse con nosotros*. Al igual que en cualquier relación, si usted se aleja de alguien porque le hizo daño, tiene que ser perdonado de la maldad que lo mantiene alejado para poder reconciliarse. Dios nos quería tener cerca. Quería tener una relación íntima con nosotros y eso requirió reconciliación.

Y hay más todavía. *Él quiere que usted llegue a ser todo aquello para lo cual fue creado*, y usted jamás será todo lo que puede ser si lleva a rastras sus fracasos del pasado o el presente. La culpa es una carga engorrosa que lo hace sentirse indigno de ser amado, temeroso, avergonzado de darse a conocer a la gente, apocado y sin libertad. Dios quiere que usted sea libre de todo eso para que pueda ser la persona que Él creó.

LA GRAVEDAD DE LA CULPA

Uno de los problemas más graves de la culpa es que no le permite ver la realidad de su vida para saber en qué puede mejorar.

Una vez trabajé con una mujer joven que era promiscua sexualmente. Después de cada incidente sabía que lo que había hecho estaba mal hecho y se prometía jamás permitir que sucediera de nuevo. Pero entonces conocía a algún tipo que parecía decente y él la presionaba a dar más de lo que ella quería, y no era capaz de decir que no. Al final, como la mayoría de los tipos que presionan a las mujeres a acostarse con ellos sin un compromiso, el tipo se desaparecía. Ella se sentía rebajada y usada, pero más que todo culpable.

«Sé que no debería estar haciendo esto» me decía, «y cada vez creo que no lo voy a volver a hacer, pero lo hago. Me aborrezco. Soy un fracaso total. ¿Qué clase de cristiana soy?»

La peor consecuencia (para ella) era su sentimiento de culpa. Lo que más la carcomía por dentro era lo «mala» que era. Esta es la gravedad de la culpa, que esos sentimientos llegaran a ser tan fuertes y absorbentes que eran todo lo que ella podía ver con claridad. La cegaban a las consecuencias reales de su conducta.

Su problema real era lo que estaba sucediendo en su vida mientras ella perdía tiempo sintiéndose culpable. Su problema real era que su corazón se estaba fragmentando más cada vez que entregaba su cuerpo a tipos que no estaban conectados con su corazón y su alma. La desconexión dentro de su psique era cada vez peor y cobraba más fuerza. Ella estaba perdiendo la capacidad de saber siquiera lo que sentía por el tipo con el que estaba porque se desligaba cada vez más de sí misma.

Encima de todo eso, estaba dejando que su dependencia de la atención masculina la gobernara, y no desarrollaba el discernimiento y las habilidades necesarias para relacionarse bien y encontrar a alguien que le conviniera a largo plazo, un hombre a quien valiera la pena entregarse. Los problemas reales de su conducta fueron una combinación de lo que le estaba sucediendo y lo que *no* estaba sucediendo mientras ella siguiera atrapada en el ciclo destructivo. Esto era lo que yo quería que ella viera, pero hasta que se librara de sus sentimientos de culpa, no iba a poder.

Si queremos saber qué piensa Jesús de una persona que lleva una vida de pecado, encontramos una imagen bastante gráfica en Juan 8. Unos fariseos que se creían justos sacaron a una mujer del lecho de un hombre que no era su esposo (a propósito, se hicieron de la vista gorda con el tipo pues él era igualmente culpable), y la lanzaron literalmente a los pies de Jesús nada más para ver cuál sería su reacción. Jesús no solamente confrontó a los hombres que querían apedrearla con su frase famosa: «Aquel de ustedes que esté libre de pecado, que tire la primera piedra»,[16] sino que también se dirigió a la mujer sorprendida en el acto:

«Mujer, ¿dónde están? ¿Ya nadie te condena?»
«Nadie, Señor».
«Tampoco yo te condeno.
Ahora vete, y no vuelvas a pecar».[17]

Ninguna condena. Ningún insulto. Nada más una simple instrucción de dejar atrás el pecado. Y tenga en cuenta el orden: Primero no la condena, luego la instruye.

La mujer que yo conocía respondió al amor de Jesús de manera muy similar a la mujer lanzada a los pies de Jesús. Cuando logré convencerla de que aunque se sintiera culpable no estaba condenada ante los ojos de Dios sino que era totalmente amada y aceptada,[18] ella pudo librarse de la culpa. Cuando se quitó esa carga de encima, se sintió libre y más ligera, o como ella misma dijo, «limpia». Y poco después de darse cuenta de que no estaba condenada, despertó a la realidad y me dijo: «¿Sabe qué? Me estoy haciendo mucho daño. Si no resuelvo este asunto voy a ser un desastre el resto de mi vida». ¡Exacto! Dios había empezado a salvarla, o sanarla, tan pronto el sentimiento de culpa dejó de ser un factor.

Eliminar el sentimiento de culpa como un factor determinante se debió en parte al hecho de que ella habló de su situación conmigo y unos amigos de confianza. Ella sacó su pecado a la luz, y allí perdió su poder. David dice que mientras guardó silencio acerca de su pecado, sus «huesos se fueron consumiendo».[19] La mayor parte del tiempo, necesitamos el amor y la aceptación de los demás para experimentar plenamente el amor de Dios.

MEJOR QUE LA CULPA ES LA TRISTEZA PIADOSA

¿Existen los buenos sentimientos de culpa? No, pero mucha gente trata de distinguir entre culpa falsa y culpa verdadera, diciendo que la culpa falsa es buena porque nos ayuda a ser conscientes de lo que hemos hecho mal y así podemos cambiar. Parece que tienen temor de que si uno no se siente culpable, va a portarse como una lacra en la sociedad, sin sentir nada como resultado de su pecado, como si no fuera gran cosa.

Nada se aleja más de la verdad. La Biblia sí dice que cuando hacemos el mal, como la mujer que se acostaba con muchos hombres, deberíamos sentir algo negativo, pero no es culpa como tal. Entonces, si no debemos sentirnos culpables, ¿cómo debemos sentirnos? La Biblia es clara en cuanto a lo que usted debe sentir, y cualquier psicólogo le dirá que ese sentimiento va a cambiarle la vida. No culpable, sino *triste*. Cuando hacemos el mal, deberíamos lamentarnos y sentir tristeza. Como la mujer se sintió, triste y arrepentida de estar malgastando su vida y dañando su corazón. Tuvo una sensación de pérdida, y al ver lo que estaba perdiendo como resultado de continuar en ese patrón existencial, empezó a armarse de nuevos motivos correctos para cambiar, algo que la culpa jamás le habría podido dar. Fíjese cómo el apóstol Pablo compara este tipo de tristeza con la culpa del mundo:

> *La tristeza que proviene de Dios produce*
> *el arrepentimiento que lleva a la salvación,*
> *de la cual no hay que arrepentirse,*
> *mientras que la tristeza del mundo produce la muerte.*
> *Fíjense lo que ha producido en ustedes*
> *esta tristeza que proviene de Dios:*
> *¡qué empeño, qué afán por disculparse,*
> *qué indignación, qué temor, qué anhelo,*
> *qué preocupación, qué disposición...!* [20]

Me encantan esas palabras: arrepentimiento, empeño, afán por disculparse, indignación, temor reverente, anhelo, preocupación y esmero, disposición. Son las palabras que a cualquier consejero le alegraría escuchar de una persona que necesita un cambio radical. También son palabras que le encantaría oír a cualquier cónyuge. Palabras mucho mejores que culpa y condena. Palabras constructivas y edificantes que motivan, palabras que traen un cambio verdadero.

Por eso quiero que recuerde algo más acerca de la tristeza piadosa: el tipo de tristeza que trae cambio es solamente «por un tiempo».[21] En la lección de Pablo sobre los beneficios de «la tristeza que proviene de Dios», el apóstol deja en claro que el dolor de esa tristeza era temporal. La tristeza saludable que trae cambio dura lo suficiente para cambiar nuestros corazones y enseñarnos lo que necesitamos saber. Después de eso tenemos que seguir adelante.

La conclusión del asunto es: cuando nos sentimos tristes en lugar de culpables, podemos enfocarnos en cambiar lo que está mal en lugar de tratar de hacer desaparecer los sentimientos de culpa. Píenselo bien. Cuando tratamos de cambiar porque nos sentimos culpables, pensamos nada más en nosotros mismos, tratando de sentirnos mejor en lugar de cambiar.

Por el contrario, si estamos tristes por las consecuencias de nuestra conducta y cómo afecta a Dios y la gente que nos importa, estamos pensando en ellos. Esa es una motivación de amor y empatía en lugar de una culpa egocéntrica. El amor es el motivador más poderoso que existe, y cuando uno se enfoca en las personas que ama y afecta con sus acciones, cambia de verdad.

Por eso, cuando peque, permítase sentir tristeza por haber ofendido a Dios, perjudicado a otra persona o hecho daño a sí mismo. Todas esas son personas importantes para usted y esa tristeza lo ayudará a corregir la situación.

¿ESTAMOS LISTOS PARA EL CAMBIO?

Espero entonces que esté harto de sentirse culpable. Si es así, la buena noticia es que si le pide a Jesús que lo perdone y cree en Él, que Él murió por usted y que Dios lo levantó de entre los muertos para demostrar que era quien afirmó ser, puede decirle adiós a la culpa. Está totalmente perdonado, por siempre y para siempre. Esto es lo que la Biblia llama estar «en Cristo», y mire lo que sucede si cree en Él:

En él tenemos la redención mediante su sangre,
el perdón de nuestros pecados,
conforme a las riquezas de la gracia.[22]

Si está listo para un cambio, puede empezar hoy. Ahora mismo.

1. *Pida perdón.* El primer paso es pedirle perdón a Dios. Si nunca lo ha hecho, pídaselo ahora mismo.

«Jesús, yo creo que tú eres el Hijo de Dios, que moriste por mí y que fuiste resucitado de entre los muertos por mis pecados. He pecado en mi vida, y ahora confío en ti para recibir perdón total. Gracias por perdonarme».

No tiene que usar esas mismas palabras, simplemente hable con el corazón y dígale que quiere su perdón. Eso es lo que cuenta. Si lo hace, lo tendrá.

2. *Confiéselo a Dios.* Confiese todo lo que crea que ha hecho mal. Póngalo por escrito si eso lo ayuda. Vierta su corazón por

completo. Dígale a Dios cómo se siente al respecto. Dígale que quiere darle la espalda a todo eso y que quiere ser limpiado totalmente. Haga lo que dice el siguiente versículo, luego tome el papel donde escribió su confesión y quémelo para celebrar su perdón. Hecho está. Terminado. Ya no más. Usted ha quedado limpio.

Si reconocemos ante Dios que hemos pecado,
podemos confiar siempre en que él,
que es justo, nos perdonará y nos limpiará de toda maldad.[23]

3. *¡Créalo!* Lea pasajes bíblicos que describan su nueva relación con Dios, si lo necesitara léalos todos los días hasta que los comprenda. Dé gracias a Dios por ello. Hable con Él de eso. Escriba de su puño y letra versículos acerca del perdón de Dios y memorícelos. Ponga la Palabra de Dios en su mente y en su corazón. De ese modo, cada vez que tenga dudas, vuelva a leer las verdades bíblicas. Tal vez le tome un tiempo, pero la Biblia dice que escondamos su Palabra en nuestro corazón y meditemos en ella.

4. *Hable con un amigo o una persona de confianza.* Hable con alguien sobre las cosas que lo hacen sentirse culpable. Esto lo ayudará en su proceso de recuperación y sanación:

Confiésense unos a otros sus pecados,
y oren unos por otros, para que sean sanados.[24]

A veces incluso después que Dios lo haya perdonado, usted necesita sentir esa gracia divina por medio de uno de sus representantes, otra persona que se haya ganado su confianza. Esto lo ayudará a interiorizar la protección que Dios le ofrece. Cuando usted sienta la aceptación de esa persona, se aceptará a sí mismo como Dios lo acepta.

Si sigue oyendo las voces recriminatorias en su cabeza, tal vez quiera hablar con alguien sobre su procedencia. A menudo son las voces de relaciones del pasado que usted ha transferido a su interior, y ahora suenan como su propia voz. En realidad son mensajes caducos y ya es hora de identificarlos y sacarlos de su sistema. Aprenda a distinguir las voces que escucha, puede tratarse de un padre, maestro o alguien que lo hizo sentirse mal. Niéguese a escuchar esas voces y expúlselas de su cabeza. Cuanto más discernimiento tenga y más rechace lo que dicen esas voces, más débiles serán.

5. *Aplique diariamente el perdón de Dios.* En su paso por la vida, cada vez que peque y cometa errores, aplique a diario el perdón de Dios. Confiésele a Él su pecado de inmediato y luego pídale perdón. Recuerde el versículo anterior... si lo confiesa, será perdonado y limpiado de sus pecados. Limpieza inmediata. Tan pronto suceda algo. Así que, no deje que la culpa se extienda durante horas o días. Libérese de la culpa con el perdón de Dios. Tal como recibió su perdón la primera vez, disfrute de él todos los días y siéntase libre de culpa.

6. *¡Viva libre!* Por último, mantenga la cabeza en alto. Viva en libertad. Vaya por la vida sin sentir culpa ni vergüenza, y sepa que todos los días es un nuevo comienzo, lozano y fresco. ¡Deje de sentirse culpable!

PUEDE CONFIAR EN LA SOBERANÍA DE DIOS

¿No se venden dos gorriones por una monedita?
Sin embargo, ni uno de ellos caerá a tierra
sin que lo permita el Padre; y él les tiene contados a ustedes
incluso los cabellos de la cabeza. Así que no tengan miedo;
ustedes valen más que muchos gorriones.

—MATEO 10:29–31

Recuerdo cuando mis mentores espirituales en la universidad me enseñaron acerca de la soberanía de Dios. Estaba deprimido por una lesión en la mano que me obligó a dejar de jugar golf, lo cual fue una gran pérdida para mí. Era un cristiano recién convertido y estaba tratando de decidir qué hacer con mi9
vida. Esto fue lo que me dijeron: «Dios está en control. Él sabe de tu mano y conoce el deseo de tu corazón. Él ha permitido esta lesión para cambiar tu rumbo. No sabemos si Él *quiso* que esto sucediera, pero puedes estar seguro de que te tiene algo muy bueno reservado en el futuro». Me acuerdo que dijeron algo que no entendí en absoluto: «Tienes que aprender a confiar en la *soberanía* de Dios».

Me estaban diciendo que confiara en el hecho de que Dios está a cargo de mi vida. Que esta sería mejor de lo que yo pudiera planear por mí mismo, aunque no pudiera verlo en ese momento. Dios puede sacar algo bueno de cada situación.

Pensé en el momento que eso no sonaba muy cuerdo, pero debí saber que era cierto. En retrospectiva, puedo ver que Dios definitivamente estaba en control y me tenía reservado algo muchísimo mejor que ha sido muy significativo y satisfactorio. En aquel tiempo aprendí un versículo que ha transformado mi perspectiva desde entonces.

Sabemos que Dios dispone todas las cosas
para el bien de quienes lo aman,
los que han sido llamados de acuerdo con su propósito.[25]

Con el paso de los años, y como se lo dirá la gente de fe, aprendemos a confiar más y más en el hecho de que Dios está en control. A medida que aumenta su confianza, la vida se vuelve más constante y menos incierta. E incluso cuando las cosas no funcionan, puede seguir siendo optimista y ver la vida como la aventura emocionante que es. Sin importar qué le toque enfrentar en cualquier momento dado, eso no es lo que define su futuro. Dios es quien lo define. Él está en control de su presente y su mañana.

¿Qué significa *soberanía*? Como aprendí, *soberano* significa «poder definitivo y supremo». En la Biblia se traduce a veces «Altísimo». Significa que en su vida no existe ninguna fuerza de maldad, ninguna persona, ninguna arbitrariedad, ningún azar, nada que sea más alto que Dios. Así que no importa qué suceda que esté fuera de su control, Él sigue en control. Usted podrá perder una batalla individual, pero Dios definitivamente ganará la guerra.

Una de las diferencias más grandes entre la visión bíblica de la vida y muchas filosofías es su aserción de que la vida no es arbitraria. Las cosas no suceden por que sí, sin tener un significado ni propósito. La Biblia estaría de acuerdo con *El Secreto* en que *sí existe* una fuerza controladora en el universo. Pero la Biblia enseña que esa fuerza no está en nuestros propios pensamientos y sentimientos (como lo afirma *El Secreto*), sino que Dios está en control del mundo entero y nada sucede sin su conocimiento y permiso. Como hija o hijo suyo, su vida está en manos de Dios y eso le permite a usted renunciar al control y *descansar*.

Sin embargo, eso no significa que Dios ocasione o se proponga que sucedan cosas malas, por eso la gente a veces se pregunta: *si Dios está en control, ¿por qué suceden cosas malas?* La respuesta rápida tiene que ver con el asunto de nuestro libre albedrío. Nuestra capacidad de elegir puede usarse de formas saludables o para hacernos daño a nosotros mismos y a los demás.

Por ahora sigamos con el concepto de la *soberanía* de Dios y en el camino discutiremos los efectos de nuestra capacidad de elección.

ASUNTOS DE CONTROL

Aunque Dios es el único ser todopoderoso, nosotros tenemos cierta cantidad de poder en nuestra vida, la capacidad para ejercer control sobre las cosas que nos afectan. Uno de los factores de la salud mental consiste en medir hasta qué grado las personas entienden que tienen control sobre su propia vida y ejercen ese poder para elegir. Por ejemplo, si usted recibe maltrato en una relación o no le gusta su trabajo, no es una víctima indefensa. Necesita saber que tiene opciones y puede ejercer algún control sobre su vida para dar los pasos necesarios para cuidarse. Eso es algo bueno y natural. Usted puede optar por separarse, irse o confrontar a la persona. Puede optar por actualizar su hoja de vida y ponerse a buscar otro trabajo. No es una persona indefensa, y saber esto es un aspecto importante para la salud mental y el bienestar.

Pero, ¿qué decir de aquello sobre lo cual *no* tenemos control o las cosas que no podemos cambiar? ¿Qué hacemos cuando una persona decide no responder a nuestros esfuerzos, cuando el jefe nos despide o nos hace algún daño, o algo más sucede que no teníamos previsto? Ahí es cuando debemos recordar que aunque algo esté fuera de *nuestro* control, nunca está fuera de la soberanía de Dios.

APRENDA A DESCANSAR

Dos de las necesidades más básicas de la vida son seguridad y control. Cuando nos sentimos seguros, no nos preocupamos tanto por el control. Piense en la clase de reposo que un bebé experimenta en los brazos de su mamá. No tiene ninguna necesidad de protestar, gritar, pelear, resistir, temer ni preocuparse. Por eso entrega sin problemas todo el control.

Como psicólogo puedo decirle que muy pocas cosas son más fundamentales para su salud mental, para funcionar en la vida y para su bienestar psicológico que este asunto del control. ¿Qué le sucede a nuestro bienestar cuando nos sentimos fuera de control?

Si observa a su alrededor, verá lo que sucede. ¿Conoce a alguien que se angustia y estresa por cosas que no resultan como quiere? ¿Ha visto a los que se obsesionan con el control y se descarrilan por completo cuando no se salen con las suyas? ¿Cómo les va a sus relaciones personales? ¿Qué tal está su bienestar psicológico? No muy bien. Quizá se sientan bien cuando las cosas marchan, pero apenas se traban su nivel de estrés se eleva por las nubes. Cuando pierden el control, la paz y el bienestar desaparecen y ellos quedan enfurecidos hasta que sientan que nuevamente tienen el control.

La ansiedad y las luchas interiores de una relación no son los únicos problemas cuando la gente siente que ha perdido el control. Para muchos la depresión se vuelve un asunto diario. Como se mencionó anteriormente, una de las realidades más investigadas en psicología y psiquiatría es un concepto llamado «indefensión aprendida», el cual revela que cuanto más incapacitada se sienta la gente para controlar una situación, es más probable que se depriman y más lenta será su recuperación. Como sienten que no pueden hacer nada en cuanto a la vida para bien o para mal, la arbitrariedad de los sucesos incontrolables hace que todo parezca irremediable, y se hunden en la desesperación como resultado de un solo suceso negativo.

En cambio, si usted sabe que Dios está en control, ningún suceso en particular afectará su futuro. De hecho, cuanto más andamos con Dios, mejor entendemos que cuando algo que queremos no ocurre, es muchas veces porque Dios tiene pensado algo mejor para nosotros. Aprendemos a confiar en su «no» porque su «sí» va a ser todavía mejor.

EN CAMBIO, SI USTED SABE QUE DIOS ESTÁ EN CONTROL, NINGÚN SUCESO EN PARTICULAR AFECTARÁ SU FUTURO.

Descansar en la soberanía de Dios es una de las ayudas más grandes para la ansiedad, los problemas de control, los temores y los desajustes en las relaciones, la depresión, las adicciones y el logro de metas. Cuando las cosas no van bien, confiar que Dios sigue en el trono y todo va a estar bien nos permite pasar por las dificultades en un plano muy diferente, armados de esperanza y optimismo así no tengamos control de lo que suceda a nuestro alrededor.

EL PODER DE LA CONFIANZA

¿Cómo se puede entonces practicar este secreto?

En primer lugar, *entienda que la vida no está fuera de control ni es arbitraria*. Es cierto que suceden cosas malas como resultado de vivir en un mundo lleno de obstáculos y de las decisiones malvadas de la gente. Pero eso no nos tiene que llevar a la desesperanza porque esos sucesos no gobiernan la vida ni el universo sino Dios. Medite mucho en esto. Lea la Biblia y verá que es un tema constante. En las historias del Antiguo Testamento donde todo parecía ir mal para el pueblo de Israel y ellos sentían que todo estaba perdido, Dios seguía en control. Así ellos estén esparcidos hasta los confines de la tierra, Él sigue en control y les trae de regreso, y les da una tierra. Él hace lo mismo por nosotros.

En segundo lugar, *cuando sucedan cosas malas y sienta miedo, acuérdese que Dios sigue en control*. Al pasar por la vida van a suceder cosas malas y usted pasará por momentos de depresión, así que recuerde esta verdad. No olvide que así las cosas no salgan bien, Dios sigue en control de su vida:

- cuando no consiga aquel trabajo
- cuando pierda el trabajo
- cuando termine una relación
- cuando tenga una enfermedad
- cuando pase por dificultades económicas
- cuando alguien lo rechace
- cuando experimente un trauma o una pérdida
- cuando las cosas pequeñas lo frustren sobremanera (su vuelo es cancelado y tiene que pasar otra noche en esa ciudad)

- cuando su agenda no le permita hacer algo que considera importante para una meta o una relación

Estas y mil cosas más, grandes y pequeñas, pueden arruinarnos el rato o la vida si no recordamos que Dios está en control y podemos descansar en Él.

Hable de esto con amistades que estén en esta jornada con usted. Pídales que le recuerden la soberanía de Dios. Escuche testimonios de personas que cuentan cómo Dios anduvo con ellos en medio de las dificultades y cómo pasaron al otro lado.

Identifique los sentimientos relacionados con cualquier evento. Si una pérdida es triste, sienta tristeza. Pero no caiga en la desesperanza. No deje que sus sentimientos definan el universo porque Dios sigue en control, y Él tiene un propósito para usted que es muy bueno.

DIOS REQUIERE ALGO DE USTED

Obedece sus preceptos y normas que hoy te mando cumplir.
De este modo a ti y a tus descendientes les irá bien.

—DEUTERONOMIO 4:40

Uno de los peores aspectos de ser un psicólogo y padre es que cuando los hijos de uno se portan con inmadurez, uno tiende a imaginar el futuro y ver consecuencias pavorosas. Por ejemplo, cuando mis hijas eran más pequeñas y no querían comerse sus verduras o recoger sus juguetes, yo imaginaba drogadicción, expulsión de la escuela, estadías en la cárcel y nueve matrimonios fallidos. Por eso debo cuidarme o me volvería loco.

Por otro lado, mi adiestramiento como psicólogo sí me ayuda a estar al tanto de ciertas cosas que quiero que mis hijas hagan bien desde temprana edad para que les vaya bien el resto de la vida. El otro día tuve una de esas experiencias con Olivia, mi hija de seis años. Estaba alterada por algo y haciendo pucheros, negándose a hablar de lo que tanto la fastidiaba. Le preguntaba qué pasaba y ella me hacía mala cara y apretaba más la boca. Hice mi recorrido mental por el túnel del tiempo y pensé, *esto no pinta bien para sus futuras relaciones personales; si esto no me gusta a mí mucho menos a un futuro amigo o esposo; tengo que prepararla.*

Así que le pregunté:

«A ver Livi, dime qué debemos hacer cuando algo nos molesta».

«Decir qué es y hablar de eso», me dijo sin mirarme.

«Correcto. Entonces mírame... Livi, mírame y dime qué te molesta».

En ese momento, como si tuviera los músculos atrofiados ella levantó la cabeza muy lentamente, y luego los ojos hasta que por fin me miró. Con un poco más de insistencia, ella se sinceró y me dijo por qué estaba enojada con su hermana. Tuvimos una buena charla y ella ingenió qué hacer con su hermanita para arreglar el asunto.

Para ella lo más importante era el problema mismo, el conflicto del momento. A mí me tenía sin cuidado a qué estaban jugando y la resolución del asunto de aquel día en particular. Lo que me importaba era ayudarla para que ella se convierta en la clase de persona que necesita ser *para que le vaya bien en la vida*. No quiero verla crecer como alguien que no se comunica y carece de las habilidades básicas para hacer que una relación funcione. Por eso la mandé a portarse a la altura y obedecer. Si se hubiera negado, la habría mandado a reflexionar un rato en una esquina, hasta que estuviera lista para hacerlo bien.

No es algo que disfrutara o quisiera hacer. Al fin y al cabo, ese día estaba viendo por televisión a Tiger Woods en el Abierto de Golf de los Estados Unidos. Habría preferido verlo jugar que dar una charla sobre la comunicación un sábado, pero Olivia lo necesitaba y yo quiero lo mejor para ella.

NO SOMOS DIOSES

Una de las diferencias entre *El Secreto* u otras enseñanzas de la Nueva Era y la Biblia, es que en esas enseñanzas no tenemos que rendir cuenta a nadie más que a nosotros mismos. Pero según la Biblia, no somos nuestros propios dioses. Dios es el único, y Él tiene ciertas maneras en que quiere que vivamos. Él es nuestro Padre y tiene requisitos definidos para nosotros, como cualquier buen padre. Este es el punto en que mucha gente «se baja del bus», es la razón por la que muchos rechazan al Dios de la Biblia.

Los seres humanos tenemos una enfermedad: no queremos rendirle cuentas a nadie excepto a nosotros mismos de cómo vivimos. Queremos tener nuestro propio código moral con el que nos sintamos a gusto y creemos que es correcto y posee integridad, pero lo cierto es que hay uno más grande que nosotros a quien hemos de responder. Él es real, y punto. (A mi modo de ver las cosas, creer en la Biblia sobre este punto no es muy difícil. Recuerde que cuando usted nació el mundo ya estaba aquí, así que lo más probable es que usted no fue quien lo hizo. Por lo menos así pienso en el asunto. Yo sé que no hice el mundo, pero alguien tuvo que hacerlo.)

EN DEFINITIVA

Incluso cuando no queremos obedecer, así como Olivia no quería obedecerme y hablarme de lo que tanto la molestaba, obedecer a Dios es bueno para nosotros. Tal vez no nos guste siempre, pero salva nuestra vida. No es difícil entender que los niños no quieran estar bajo el control de sus padres. Cuando somos «niños» en nuestra vida de fe, nosotros también luchamos contra restricciones que Dios pone en nuestra vida. Pero al crecer empezamos a ver que las pone por nuestro propio bien. Liberarnos de las restricciones de Dios sería nuestra ruina total porque todos sus límites son para nuestro propio bien.

Byrne hace una afirmación en *El Secreto* que captura bien cuál debería ser nuestra actitud hacia las leyes de Dios. Ella dice: «Si no entiendes la ley, no significa que debas rechazarla».[26] Ella entiende bien un concepto que a muchos de nosotros nos vendría bien aplicar en cuanto a las leyes de Dios. Alguien puede enojarse por una señal de «pare» en la carretera y pensar: *No quiero que una señal estúpida me diga qué hacer.* Pero lo que él piense de la señal no importa si es una advertencia sobre un despeñadero que está justo al frente. Si no obedece, le costará la vida.

En definitiva, Dios sí requiere algo de nosotros, y es básicamente: «No se vayan por el despeñadero». Mejor dicho, Él quiere que lo obedezcamos para que nos vaya bien. David el salmista exclamó:

Tus estatutos son maravillosos;
por eso los obedezco.[27]

De acuerdo a la Biblia, Dios no es una simple energía o una fuerza, sino una persona a quien hemos de obedecer. Cuando lo obedecemos, las cosas realmente salen mejor, tal como sucede cuando le hacemos caso a la ley de la gravedad... o a un padre psicólogo y regañón.

EPÍLOGO

Mira que estoy a la puerta y llamo.
Si alguno oye mi voz y abre la puerta,
entraré, y cenaré con él, y él conmigo.

—APOCALIPSIS 3:20

Durante una charla informal una amiga me comentó algo de paso que nos llevó a una conversación más profunda.

«¿Sabes qué me gusta de tu fe?»

«No, ¿qué?», dije sin saber que le gustaba algo en particular.

«Parece que te sirve para mucho y hace funcionar un montón de cosas, y tiene sentido. Eso es muy lindo. Pero lo que *más* me gusta es que no se la impones a la gente».

«Oh, jamás quisiera imponérsela a nadie», dije. «La comparto, eso sí, pero nunca a la fuerza. Pienso que todo el mundo tiene derecho a creer en lo que quiera».

«Exacto», me dijo. «Eso es lo que quiero decir. Porque puede que sea la verdad para ti, pero la religión de otra persona también puede ser verdadera».

«Por cierto que muchas religiones tienen algo de verdad» le dije, «pero sí pienso que la religión en la que creo es *pura verdad*».

«Correcto... la verdad para ti, pero no es necesariamente la verdad para todo el mundo».

«¿Qué quieres decir con eso?», le pregunté.

«Bueno, no es que tu religión sea la única correcta o la única verdadera *de verdad*, y las demás sean falsas».

«En realidad, yo sí creo que la mía es la verdadera», le dije. «O sea, *realmente* pienso que enseña la verdad».

«Espera un minuto» me dijo, «la *verdad* como tal no existe».

«¿Y eso incluye la declaración que acabas de hacer?», le pregunté.

Se quedó mirándome.

«Nunca lo pensé así».

«Exacto» le dije. «Esa afirmación es una contradicción absoluta. Esa afirmación es inaceptable. Existe la verdad y la falsedad, tal vez creas que no exista la verdad como tal, pero si saltas del techo descubrirás que la gravedad no es verdad para mí solamente. Es la verdad para ti también. Pero déjame decirte por qué sé que la fe de la que habla la Biblia es verdad» continué. «Yo tengo un problema, y tú también. Se trata de lo siguiente: Hubo un hombre que afirmó ser Dios. Dijo que podríamos saber que era Dios probando sus caminos para ver si eran ciertos. También dijo que haría milagros y demostraría ser Dios por su poder. Luego dijo que la prueba definitiva sería que la gente iba a matarlo pero él iba a resucitar. Después él hizo todo lo que dijo, es algo histórico y real. Algunos tratan de cuestionar lo que hizo y desestimar los milagros, pero fueron demasiados los testigos oculares que vivieron para contarlo, y algunos que murieron por su testimonio, para pensar que no ocurrió. También hay personas que testifican que él está vivo hoy. Así que mi problema, y el tuyo, es responder la pregunta: *¿Qué voy a hacer con este hombre?* ¿Qué vas a hacer con alguien que afirma ser Dios y lo demuestra? Mi respuesta ha sido seguirlo», añadí. «Yo soy un psicólogo y he mandado mucha gente al hospital por tener fantasías grandiosas. Pero esta, la de Jesús de Nazaret, yo la creo. Creo que él es la Fuerza detrás de todo, el Dios del universo, y que sus caminos son verdaderos y hacen funcionar la vida. Además, creo que está vivo y todavía tiene el poder para hacer milagros en nuestras vidas en la actualidad. Por eso mismo creo que él es verdadero, de verdad».

Esto es lo que espero que usted encuentre, así como las *respuestas* a las tres preguntas planteadas en las «Palabras de bienvenida» de este libro:

1. La Fuerza detrás del universo no es impersonal, sino personal.

2. Existen leyes que Él nos ha dado que hacen funcionar la vida, y cuando las pongamos en práctica sabremos que son la verdad, y nos harán libres.

3. La vida no depende totalmente de usted, al fin de cuentas. Debe vivirse en relación con su Creador. Él lo está bus-

cando. Si usted lo busca, va a encontrarlo así como todos los demás secretos de Dios.

Que Dios lo bendiga,
Henry Cloud, Ph. D.
Los Ángeles, California
2007

NOTAS

PALABRAS DE BIENVENIDA
1. Vea Hechos 17:24–29
2. 1 Corintios 4:1

LA BÚSQUEDA
1. Mateo 6:33
2. Mateo 6:34

EL SECRETO REVELADO
1. Salmo 143:7
2. Salmo 9:10
3. Hebreos 11:6
4. Mateo 7:7

LA LLAVE DE TODOS LOS SECRETOS
1. Vea Hebreos 11:6
2. Rhonda Byrne, *El Secreto* (Nueva York: Simon & Schuster, 2007).
3. Hebreos 11:8
4. Mateo 27:46
5. Job 13:15 RVR1960
6. 1 Tesalonicenses 4:13
7. Vea Mateo 4:7
8. Vea Juan 14:9
9. Vea Santiago 2:17
10. Vea Deuteronomio 5:29

SECRETOS DE LA FELICIDAD
1. Eclesiastés 4:9–12
2. Colosenses 2:2
3. Filipenses 2:2
4. 1 Samuel 18:1

5. Esta es una pequeña muestra de lo que dice la Biblia acerca de nuestros pensamientos y nuestros corazones: «La actitud de ustedes debe ser como la de Cristo Jesús» (Filipenses 2:5); «Olvidando lo que queda atrás y esforzándome por alcanzar lo que está delante, sigo avanzando hacia la meta» (Fil 3:13–14); «No se inquieten por nada; más bien, en toda ocasión, con oración y ruego, presenten sus peticiones» (Fil 4:6); «Consideren bien todo lo verdadero, todo lo respetable, todo lo justo, todo lo puro, todo lo amable, todo lo digno de admiración, en fin, todo lo que sea excelente o merezca elogio» (Fil 4:8); «Busquen las cosas de arriba» (Colosenses 3:1); «Que gobierne en sus corazones la paz de Cristo» (Col 3:15); «Que habite en ustedes la palabra de Cristo con toda su riqueza» (Col 3:16).
6. 2 Corintios 10:5
7. 2 Corintios 10:5 BLS
8. Martin Seligman, *Learned Optimism* [Optimismo aprendido] (Nueva York: Free Press, 1998).
9. Vea 2 Corintios 10:5
10. 2 Corintios 10:5 RVR1960
11. Romanos 8:38–39
12. Romanos 8:28
13. Hebreos 13:5–6

14. Proverbios 23:18
15. Salmo 112:7 BLS
16. Aaron Beck, *Cognitive Therapy of Depression* [Terapia cognitiva de la depresión] (Nueva York: Guilford Press, 1987).
17. Salmo 37:4
18. Proverbios 13:19
19. Proverbios 26:13
20. Vea Juan 13:34; Romanos 12:10; 15:7; Efesios 4:2; 4:32; Colosenses 3:13; 1 Tesalonicenses 5:11; 1 Pedro 1:22; 1 Juan 4:7
21. Vea Números 13:30
22. Deuteronomio 6:21
23. 2 Corintios 3:17
24. Vea Romanos 8:6, 9
25. Gálatas 5:23
26. Deuteronomio 6:3
27. Filipenses 4:13
28. 1 Corintios 10:13
29. Vea Gálatas 6:1
30. Mateo 5:4
31. Marcos 7:20–23
32. 1 Juan 1:7–9
33. Colosenses 3:13 BLS
34. Mateo 7:24–27
35. Santiago 1:2–5

SECRETOS DE LAS RELACIONES HUMANAS

1. Lucas 6:31
2. Romanos 12:21
3. Proverbios 18:21
4. Vea 1 Pedro 4:10
5. Jeremías 22:3
6. Mateo 25:40
7. Vea Mateo 7:17, 20 BLS
8. Mateo 7:17, 20
9. Salmo 101:3–7
10. Hebreos 5:14

11. Mateo 7:6 BLS
12. Mateo 5:23–24
13. Mateo 18:15
14. Proverbios 12:26

SECRETOS PARA CUMPLIR SU PROPÓSITO EN LA VIDA

1. Salmo 100:3
2. Eclesiastés 3:12–13
3. Eclesiastés 2: 24–25
4. Mateo 16:25
5. Proverbios 16:9
6. Vea Marcos 12:30–31
7. Byrne, 8.
8. Mateo 7:16–20
9. Mateo 12:33
10. Eclesiastés 11:1
11. Vea Proverbios 10:4; 13:3, 4, 21; 14:11, 23; 22:13
12. Vea Hebreos 12:7
13. Santiago 1:2
14. RVR1960; cursivas añadidas
15. Proverbios 13:3
16. Proverbios 13:4 BLS
17. Proverbios 13:21
18. Vea 2 Crónicas 2
19. Vea 1 Corintios 12; Romanos 12:4–7
20. Proverbios 15:22
21. Salmo 25:5, 12–13
22. Mateo 25:24–28
23. Vea Génesis 1:27
24. Mateo 7:7
25. 2 Crónicas 31:21
26. Lucas 18:2–5

SECRETOS ACERCA DE DIOS

1. John M. Gottman, Ph.D. y Nan Silver, *The Seven Principles for Making Marriage Work* [Los siete principios para que funcione el matrimo-

nio] (Nueva York: Three Rivers Press, 2000; publicado originalmente por Crown, 1999).

2. 1 Pedro 5:7
3. Salmo 55:22 RVR1960
4. Vea Romanos 8:15
5. Juan 15:9
6. Juan 15:7
7. Vea Santiago 1:13–17
8. Efesios 2:10
9. Salmo 37:4
10. Vea Santiago 4:3
11. Santiago 4:2
12. Romanos 8:31
13. Juan 12:47; 3:17
14. Hechos 10:43
15. Romanos 8:1
16. Versículo 7
17. Juan 8:10–11
18. Vea Romanos 8:1
19. Salmo 32:3
20. 2 Corintios 7:10–11
21. 2 Corintios 7:8
22. Efesios 1:7
23. 1 Juan 1:9 BLS
24. Santiago 5:16
25. Romanos 8:28
26. Byrne, 21.
27. Salmo 119:129

ACERCA DEL AUTOR

El Dr. Henry Cloud aporta sus observaciones como psicólogo y estudiante de la vida espiritual a la exploración de principios eternos que operan en el universo y gobiernan nuestros deseos y metas, nuestras relaciones personales y nuestra vida. Ha sido autor o coautor de más de veinte libros, incluido su éxito de ventas *Límites*, y su libro más reciente, *Integridad: El coraje para responder a las exigencias de la realidad*. Sus libros han vendido más de cuatro millones de ejemplares.

El Dr. Cloud ha aparecido en numerosos programas de radio y televisión, incluyendo las cadenas ABC News, PBS y FOX News, y sus escritos han sido destacados o revisados en diarios como *Los Angeles Times*, *The New York Times*, *The Boston Globe*, y otros. El Dr. Cloud es coanfitrión del programa radial de sindicación nacional *New Life Live!*, que se escucha en más de 150 regiones.

Es un conferencista frecuente sobre temas de liderazgo, relaciones humanas y superación personal en seminarios, convenciones y grandes empresas a nivel nacional e internacional.

El Dr. Cloud es un golfista apasionado que disfruta los paseos en lancha, la pesca mar adentro y el buceo. Vive en Los Ángeles con su esposa y dos hijas.

www.drcloud.com